요즘팀장 고민과외

견고한 리더로 성장하는 32가지 맞춤 솔루션

요즘팀장 고민과외
견고한 리더로 성장하는 32가지 맞춤 솔루션

초판 1쇄 발행 2025년 2월 24일

지은이 김지엘
펴낸곳 드림위드에스
출판등록 제2021-000017호

교정 김일권
편집 김정은
검수 양수미
마케팅 위드에스마케팅

주소 서울특별시 강남구 학동로 165, 2층 (신사동)
이메일 dreamwithessmarketing@gmail.com
홈페이지 www.bookpublishingwithess.com

ISBN 979-11-92338-71-2 (03320)
값 16,800원

• 이 책의 판권은 지은이에게 있습니다.
• 이 책 내용의 전부 또는 일부를 재사용하려면 반드시 지은이의 서면 동의를 받아야 합니다.
• 잘못된 책은 구입하신 곳에서 바꾸어 드립니다.

견고한 리더로 성장하는 32가지 맞춤 솔루션

요즘팀장 고민과외

김지엘 지음

드림위드에스

목차

프롤로그: 팀장의 무게, 고독한 고민들 ··· 8

1장
요즘 세대와의 소통

1.1 요즘 세대 팀원들과 소통하며 실적 내기가 어려워요 ················· 12

1.2 요즘 세대 팀원들과 거부감 없이 소통하는 방법 ······················· 18

1.3 본인 성과 올렸다고 자꾸 칭찬해 달라는 팀원 때문에 피곤합니다 ················ 22

2장
피드백과 갈등 관리

2.1 실수 피드백하면 타인의 잘못이라고 변명만 하고 실수가 막상 드러나면 입을 다물어 버리는 팀원 ··· 30

2.2 팀원에게 피드백을 하면 잘해 보겠다고 호의적인데, 그 이후에는 전혀 변화가 없습니다 ··· 34

2.3 부정적 답변만 하는 팀원 때문에 상처받아요 ···························· 41

2.4 팀원이 듣기 싫어하는 말이라도 할 때에는 해야 하는데 어렵습니다 ················ 46

3장
관계 형성과 소통

3.1 관계 형성이 안 된 팀원과 성과면담이 부담돼요 ··· 54
3.2 서로 관계가 틀어져 갈등 중인 팀원들 관계를 잘 중재하고 싶어요 ················ 59
3.3 자기주장이 지나치게 강한 팀원과 소통하는 방법 ······································· 63

4장
팀 성과와 관리

4.1 최근 팀장 리더십 평가에서 팀원들로부터 받은 평가 결과에 실망 중입니다 ······ 74
4.2 실적 상위 팀의 팀장님, 高성과가 지속되도록 팀원들에게 힘을 주기 위한 방법 고민 · 80
4.3 저성과자 어떻게 관리해야 할까 ·· 84
4.4 팀원들에게 제가 너무 편하기만 한 팀장이라서 성과가 안 나오는 것 같습니다 ·· 90
4.5 팀원의 실행력을 높이는 방법 ·· 96

5장
개인의 성장과 자기관리

5.1 회사생활 20년 된 워킹 맘 팀장인데 몸이 여기저기 아프네요, 근데 일을 줄이긴 어려울 것 같아요 ·· 106

5.2 에너지 소진 없이 일하는 팀장의 비밀 ··· 112

5.3 육아와 팀장 일을 병행하고 있는데요, 힘들 것 같다면 팀장을 내려놓아야 할까요? · 116

6장
팀장의 역할과 책임

6.1 팀장의 중요한 역할은 팀원들이 본인의 업무에 집중할 수 있도록 하는 것 ····· 124

6.2 다수 앞에서 말하기 어려워하는 팀장 ··· 129

6.3 솔직한 소통 때문에 본부장님에게 미움받고 있습니다 ···························· 134

7장
팀원 개개인의 특성에 따른 관리

7.1 독특한 팀원 한 명 때문에 팀원들이 모두 불편해해요 ··························· 142

7.2 팀원에게 내 이야기가 잘 들어가고 있는 걸까? 수용성을 높이는 방법 두 가지 · 147

7.3 성향이 너무 다른 팀원과 소통을 어떻게 해야 할까 ······························ 151

8장
업무 환경 개선과 문제 해결

8.1 업무가 너무 많은데 건의해 봐야 2~3일 지나면 원점인 듯합니다 ·············· 160
8.2 직무 교육 팀장인데요, 직원들이 교육받길 싫어해요 ························· 165
8.3 2개월간 5명이 퇴사한 조직의 팀장입니다 ····································· 169
8.4 업무상 실수를 없애고 싶습니다 ·· 173

9장
이슈 해결을 위한 팀장 가이드

9.1 퇴사 면담을 잘해서 퇴사자의 마음을 되돌리는 방법 ······················· 182
9.2 저는 부정적인 이슈가 오랫동안 지속되고 있는 조직의 팀장입니다 ·········· 187
9.3 책임을 나누는 방법 ··· 191
9.4 팀원 개인별 장점을 적용하여 업무를 분배하는 전략적 접근 ················ 194

에필로그: 팀장님의 고민에 전념하는 '누군가' ··· 199

프롤로그
팀장의 무게, 고독한 고민들

팀장님 한 분과 순조롭게 1:1 코칭을 진행 중이었습니다. 불쑥 등장했던 말 한마디, 그것은 "요즘 팀장 되면 답도 없는 고민들 떠안는 거예요"였습니다. 갑자기 튀어 올랐던 이 말 한마디가 얼마나 강하게 뇌리에 박혔는지, 내내 기억에 머물러 있습니다.

팀장이 되었다는 것, 팀장으로 살아가고 있다는 것, 그것은 조직 내부의 다양한 이슈와 문제들을 매일같이 대면하는 것을 의미합니다. 결코 털어 내기 어려운 고민거리들이 쌓이는 것이며, 한층 격양된 책임의 무게를 견디는 것입니다. 보편적으로 팀장은 조직의 중간에서 양쪽 모두를 이해하고 소통하며 조율하는 역할을 맡습니다. 위로는 임원들의 기대를 충족시켜야 하고, 아래로는 팀원들을 인내로 이끌어 가야 합니다. 어느 한쪽으로 치우치기라도 한다면 양쪽 모두의 질타를 각오해야 합니다. 자신을 바라보는 양쪽의 시선을 의식해야 하는 위치이자, 많은 구성원으로부터 실시간 모니터링되는 느낌도 감수해야 하는 자리입니다. 요즘 팀장에게 권위는 사치로 여겨지고, 예전 보스(Boss) 이미지는 사라진 지 오래입니다.

팀을 이끌며 발생하는 이슈나 문제는 정말 다양합니다. 어떤 팀원은 성과가 나지 않아서, 또 다른 팀원은 개인적인 이유로 업무에 집중하지 못하기도 합니다. 성향이 맞지 않는 팀원들 사이의 갈등을 조율해야 할 때도 있고, 업무 과부하 속에서 스스로 지쳐 가는 팀장 자신을 다독여야 할 때도 있습니다. 이 모든 일들은 그 어떠한 준비 과정 없이 매일 이어집니다. 아무런 연습 없이 마라톤에 참여한 선수와 같습니다. 대부분의 팀장은 자신의 근력, 지구력, 인내력이 어느 정도인지도 모른 채 매일 실제 경기에 투입됩니다. 기업 환경은 변화무쌍합니다. 걷지 않고 뛰어가야 하며, 장거리입니다.

이런 상황 가운데 놓인 팀장님들 대부분은 부과된 역할의 무게를 버텨 내며 각종 문제 속에서 해답을 찾으려 고민하다가 지쳐 버리곤 합니다. 평소 지친 상태에서 우연히 나타난 엉뚱해 보이는 이슈 하나에 모든 에너지가 소진되어, 결국 번아웃(Burn-Out)을 경험하는 경우도 많이 봤습니다. 원인은 혼자 고민을 많이 한다는 것에 있습니다. 고민을 밖으로 드러내지 못하고 혼자서 끙끙 앓고 있는 그 자체가 에너지 소진으로 이어집니다.

그렇습니다. 이처럼 무겁고 고독하기 때문에 팀장이라는 자리는 고립되기도 쉽습니다. 혼자서 모든 문제를 해결해야 한다는 압박감 속에서 지내다 보면, 점점 더 외롭고 막막한 기분에 빠지게 될 수 있습니다. 《요즘팀장 고민과외》는 바로 이런 배경에서 기획되었습니다. 팀장님들의 실질적인 업무 현장 속 고민들을 책에 고스란히 옮겨 놓았습니다. 여러분은 이제부터 여러분과 같은 팀장님들이 겪었던 문제들과 그 해결 과정에서 얻은 경험을 생생하게 날것 그대로 만나게 되실 것입니다.

팀장님! 혼자서 끙끙 앓지 마세요. 이 책과 함께 고민을 나누고 고독을 내려놓으세요. 책에 제안드린 해결책들을 팀장님의 업무와 상황들에 꼭 적용해 보시길 바랍니다. 팀장님 스스로가 더 나은 리더로 성장하는 기쁨을 경험하시는 것에 이 책이 조금이라도 보탬이 되길 기대합니다.

2025년 2월 김지엘

1장

요즘 세대와의 소통

1.1
요즘 세대 팀원들과
소통하며 실적 내기가 어려워요

요즘 세대 구성원과 소통하며 실적을 내는 데 어려움이 있다는 얘기가 많습니다. 시간이 갈수록 세대 간의 가치관 차이가 심화되고 있고, 특히 요즘 구성원들은 워라밸(일과 생활의 균형)과 개인의 의견을 존중하는 문화를 중시하고 있습니다. 이러한 변화로 인해 많은 리더님들께서 기존의 관리 방식으로는 팀의 실적을 관리하고 성과를 향상하는 데 한계가 있다는 언급을 자주 합니다. 하지만 이런 상황에서도 팀을 이끌며 성과를 내야 하는 책임은 여전히 막중합니다. 팀장님들이 겪고 있는 실제 고민과 그에 대한 해결책을 함께 살펴보겠습니다.

팀장 고민, 첫 번째

"오랫동안 일을 해 오다 보니, 제 시각에서 바라보고 행동하는 경향이 있는 것 같아요. 요즘 직원들과는 나이 차이도 있고, 사회적인 분위기도 많이 바뀌어서 팀원들의 의견을 더 중요하게 여기는 흐름이 있습니다.

예전에는 개인을 좀 희생해서라도 실적을 내는 것이 당연하다고 생각했는데, 요즘 팀원들은 그런 점에서 생각이 다르더라고요. 이들과 소통하고 맞춰 가면서도 실적을 낼 수 있는 방법이 무엇일지 고민이 많습니다.

사실 제 업무의 성과 중 대부분은 팀원들과의 소통을 통해 만들어진다고 봐도 과언이 아닙니다. 그런데 실적이 잘 나오길 바라면서도, 의지가 부족한 팀원들도 있어서 난감할 때가 많아요. 강압적으로 이끌 수도 없고, 그렇다고 실적이 나오지 않을 때는 저도 모르게 그들을 탓하게 되는 제 자신을 발견하게 됩니다. 요즘 실적이 많이 부진하거든요.

팀원 관리를 제외하고도 회사에서 챙겨야 할 업무 항목들이 점점 많아져서 그런 것 같습니다. 저도 힘들지만 실적을 내기 위해 조금이라도 압박이 들어온다고 느끼면 요즘 팀원들은 더 힘들어하는 것 같아요. 실제로 팀원들이 팀 목표도 있고 챙겨야 할 업무 항목들이 늘어 가면서 집중력을 잃고 힘들어하는 모습들이 많이 보입니다. 제가 팀원들과 실적을 잘 내기 위한 소통을 하기 위해 어떤 실천을 할 수 있을지 방법을 알고 싶습니다."

1st 고민과외 💬

팀장님, 변화하는 세대를 이해하고 조직에서 함께 호흡하는 것이 이렇게 고민거리가 되는 요즘이네요. 과거를 생각하면 자신을 희생해서라도 일을 추진하고 가진 모든 능력을 동원해서, 다소 무리가 되더라도 성과를 달성하던 때가 많이 떠오르실 거예요. 불가능을 가능으로 밀어붙이며 달성해 오신 경험들이 지금의 팀장님을 만들었겠지요. 팀장님의 열정과 헌신에 깊이 공감합니다. 고민하고 계신 내용에 대해 나름의 생각을 정리하여 제안드립니다. 팀장님께 구체적으로 실행해 보실 수 있는 전략으로 남기를 바랍니다.

우선, 함께 생각해 봐야 할 것은, 팀장님께서 말씀하신 대로 소통이 중요합니다. 하지만 지금은 그보다 더 본질적인 업무 측면을 살펴볼 필요가 있습니다. 현재 팀원들이 챙겨야 할 업무 항목들이 늘어나고 있습니다. 기존 업무들도 목표 설정이 되어 있는 상태일 텐데, 추가로 해야 할 업무들로 인해 집중력이 분산되고 있는 상황으로 보입니다. 이때에는 팀장님께서 전략을 세워 가며 팀원들과 깊은 소통을 해야만 합니다. 팀장님 역시 팀원들의 입장이라면 그 많아지는 업무 항목들을 모두 챙기기는 쉽지 않으실 겁니다. 이는 누구의 능력이 부족해서라기보다 어느 누구에게도 이러한 상황은 쉽지 않고, 누구라도 몰입이 어려울 것입니다.

팀장님! 어느 누구에게라도 지금은 어려울 수밖에 없는 상황이라는 것을 인지하시고 팀원들과 깊은 소통을 시도해 주세요. 그동안의 데이터를 기반으로 대화 나누시되 팀원의 이야기에 귀를 기울여 주시기 바랍니다. 이 대화는 온전히 팀원의 생각과 감정을 경청하는 시간으로 구성되면 좋습니다. 업무가 늘어나서 힘든 상태인데, 팀장님이 더 실적을 내라며 압박하는 대화라면 안 하느니만 못한 소통이 될 수 있습니다. 팀장과 팀원 모두가 알고 있는 어려운 상황이지만, 알고만 있는 것과, 알고 있는 내용을 팀원이 입 밖으로 팀장님께 표현하는 것은 다릅니다. 특별한 솔루션을 주지 않아도 팀원은 그저 팀장님께 어려운 상황을 표현하는 것만으로도 회복되어 다시 업무에 몰입할 수 있는 힘을 얻게 되기도 하니까요.

둘째, 팀원 개개인의 특성과 강점을 활용하여 전략을 재정비합니다. 그렇게 하기 위해 소통은 기존보다 더욱 전략적이어야 합니다. 팀원들과 접촉점을 늘리되, 기존 대화의 흐름이 어떠하셨든지 이제부터는 1:1 면담으로 팀원 개개인의 특성과 강점에 관한 대화를 나누는 형태로 진행해 보시기 바랍니다. 팀원들이 가진 강점을 최대한 끌어낼 수 있는 방향으로 대화를 나누는 것이 중요합니다. 이를 통해 팀원 개개인의 강점을 파악하고, 그 강점을 살려 역할을 배정하는 것이 실적 향상에 큰 도움이 될 것입니다. 실적을 강조하는 말씀이 반복되면 팀원들은 팀장님의 말씀이 중요하더라도 귀를 닫게 될 수 있어요. 하지만 실적을 충분히 해낼 수 있는 팀원의 강점에 관한 대화를 나누면 팀원은 팀장님과의 대화에 관심을 갖게 되고, 자신의 강점을 인정받아 역할을 거뜬히 수행해 내는 일꾼으로 거듭날 것입니다.

셋째, 팀원들에게 업무 몰입 환경을 만들어 주세요. 팀원들에게 두루 뭉술하게 모든 지표를 함께 다 챙겨 가야 한다고 말하기보다, 각 팀원의 강점을 활용해 팀원 개인별 차등화 된 KPI를 설정하고, 그에 맞춰 개별적으로 소통하는 것이 좋습니다. 팀원 입장에서는 자신에게 강점이 있는 영역이 구분되었고, 챙겨야 할 KPI(Key Performance Index: 핵심

성과 지표)가 간결해지기 때문에 업무 몰입도가 올라가고 집중력 있게 업무를 해낼 수 있게 됩니다. 더불어 깊은 소통으로 팀원의 실행에 가속도를 올리도록 합니다. 이렇게 말씀해 보세요. "이 일에 네 강점이 잘 반영되어 가고 있다. 강점을 지금보다 두 배로 발휘한다면 어떻게 달라질까?"라는 가능성을 그리게 하는 질문을 하여 팀원들이 일의 성취를 상상하며 업무에 몰입할 수 있도록 격려해 주시는 겁니다. 팀원들은 자신의 가능성을 열기 위해 도전하고 역할에 충실하며 집중할 수 있게 됩니다. 팀원 각자 잘할 수 있는 강점을 명확히 하고 그 부분에 집중하도록 촉진하는 것이 중요합니다. 팀원들이 자신의 강점을 발휘할 수 있는 환경을 조성해 주면, 실적이 자연스럽게 개선될 것입니다.

팀장님, 요즘 팀원들과의 소통이 어렵게 느껴지는 것은 사실입니다. 그렇지만 단순 소통이라는 측면을 보시기보다 우리 팀에서 벌어지고 있는 문제의 본질적 측면을 살펴보고 리딩(Leading) 방향을 재설계하시는 것이 더 중요합니다. 그 후에 방향에 관한 구체적이고 세부적인 팀원들과의 깊은 소통을 해야겠지요. 소통은 그때 필요할 것입니다. 세대 차이가 불편한 것은 사실이지만 단순히 세대 차이 때문에 팀원들과의 소통이 막히는 것은 아닐 겁니다.

다분히 개인적인 생각입니다만 팀의 업무 목표 달성이 원활하고, 팀의 분위기가 좋으면 팀장님께서 소통이 문제라고 이 고민을 꺼내지 않으실 수도 있겠구나 하는 생각이 듭니다. 목표를 잘해 내고 그에 따른 보상도 확실하며 일 잘하는 팀이라고 회사 내에 소문이 자자하다면, 세대 차이나 소통 이슈는 수면 위에 오르지 않을 겁니다. 오히려 세대가 달라서 다양한 의견들이 팀 운영에 시너지를 낸다는 평가도 있을 수 있겠지요.

 그렇게 되기 위해 지금부터 팀장님께 권유하고 싶은 전략은 1:1 면담을 통해 팀원 개개인의 강점을 극대화하며 방향성을 재설정한 후, 팀원 각자의 업무 몰입도와 집중력을 끌어 올리는 것입니다. 팀장님께서 답답한 상황 속에서 문제의 원인에 집중하시다 보니 요즘 팀원들과의 세대 차이, 소통의 문제를 원인으로 드러내신 것 같습니다. 이제는 문제의 원인이 아닌 해결에 집중하며 팀원들과 소통해 주시길 바랍니다. 상황은 빠르게 호전될 거예요.

1.2
요즘 세대 팀원들과
거부감 없이 소통하는 방법

얼마 전 《90년생이 온다》라는 책이 엄청난 인기를 끌었던 것처럼, 90년대생으로 대표되는 세대와의 소통은 팀장님들에게 쉽게 지나칠 수 없는 어려움이 되어 오고 있습니다. 특히, 그 세대는 개인주의적 성향이 강하고, 상황에 따라 예민한 반응을 보이는 경우가 많아 기존의 소통 방식으로는 원활한 커뮤니케이션이 어렵다는 평가가 많습니다. 이러한 변화 속에서 팀원들과의 원활한 소통을 통해 업무 성과를 높이는 방법을 찾는 것은 팀장님들에게 중요한 과제가 되고 있습니다.

팀장 고민. 두 번째

"지원 부서에 있다가 다시 운영실로 돌아갈 준비를 하고 있는 팀장입니다. 요즘 세대는 예민하고 개인주의적이라는 이야기를 많이 듣습니다. 이런 구성원들과 어떻게 거부감 없이 소통하며 일해야 할지 고민이 많습니다. 내가 무엇을 준비해야 이들이 반항심 없이 저와 잘 소통하게 될까요?"

2nd 고민과외

　팀장님, 요즘 세대 팀원들과 거부감 없이 소통하는 방법에 대해 고민하고 계시군요. 세대 간의 격차에 따른 어려움이 그 어느 때보다 크다고 평가되고 있는 이 시기에, 팀장으로서 각별한 마음의 준비를 하고 계시다는 생각이 듭니다. 이미 이 문제로 고민을 하고 계시다는 것은 팀장님께서 '요즘은 리더로서의 권위를 앞세웠던 예전과는 다른 문화'라는 것을 충분히 이해하고 계신 것이라 생각해요. 마음으로 이미 준비를 하고 계시니 제가 의견을 드리는 것에도 부담이 덜합니다. 요즘 구성원들과 마음의 거리를 좁히기 위해 몇 가지 원리 중심의 말씀을 드려 보도록 하겠습니다.

　첫째, 팀장님께서 팀원들에게 어떤 존재로 기억되기를 원하시는지에 대해 생각해 보세요. 팀장의 존재감은 팀원들에게 매우 큰 영향을 미칩니다. 팀원들이 팀장을 '성과를 독촉하는 사람'으로 인식하면, 소통 자체가 어려워집니다. 대신 '성장을 지원해 주는 사람'으로 느끼게 해 주세요. 팀원들이 "우리 팀장님은 나의 성장을 지원해 주는 사람이야"라고 느낄 때, 자연스럽게 팀장님과 소통하고자 하는 마음이 생길 것입니다.

　둘째, 대화의 시작은 부드럽고 포괄적인 질문으로 접근해 주세요. 처음부터 대화의 의도를 드러내기보다는, 팀원들이 편안하게 이야기할 수 있는 환경을 조성하는 것이 중요합니다. 예를 들어 대화를 나누기 시작한 도입부에서 갑자기 세부적인 업무주제를 꺼내시는 것은 팀원을 당황하게 할 수도 있습니다. 포괄적으로 대화를 전개해 주세요. "요즘 어때?"라는 포괄적이고 열린 질문으로 시작해서, 질문의 범위를 서서히 좁혀 나가도록 합니다. "회사 생활은 좀 어때?", "요즘 업무는 어때?"와 같이 대화 주제를 좁혀 가세요. 큰 주제로 대화를 시작해서 목표로 하는 주제로 좁혀 가는 방식입니다. 이러한 '깔때기 대화법'을 통해 팀원들이 자연스럽게 대화에 참여하도록 촉진할 수 있습니다. 이렇게 하면 팀장님은 팀원의 전반적인 업무 상황도 어렵지 않게 파악할 수 있게 되고, 팀원도 팀장님의 사려 깊은 대화 접근을 느끼며 마음을 열게 될 것입니다.

셋째, 팀원들이 팀장님과의 소통을 통해 성장하고 있음을 느끼게 해 주세요. 요즘 세대는 개인의 성장과 행복을 중요시합니다. 단순히 업무 목표를 달성하는 것뿐만 아니라, 팀원 각자의 성장을 돕고 있다는 메시지를 전달하는 것이 필요합니다. "이 부분에서 많이 성장했네", "짧은 시간이었는데 열정적으로 임해 주었구나", "어떻게 생각해?"와 같은 격려의 말을 통해 팀원들이 자신이 인정받고 있다고 느끼게 해 주세요. 팀원들은 팀장님과의 소통이 긍정적인 영향을 미치고 있음을 느끼며, 더욱 적극적으로 소통하려 할 것입니다.

팀장님 말씀처럼, 요즘 세대와의 소통이 어렵게 느껴질 수 있습니다. 현실적으로 이 부분에 대한 부담감으로 팀장 직분을 맡지 않는 리더님들도 계세요. 팀원들에게 어떤 팀장이 될 것인지 정체성부터 분명히 하시는 절차가 반드시 필요하게 된 거죠. 팀장님께서 요즘 구성원들을 이해의 관점으로 보실 수 있고, 그들에게 실적을 강요하는 팀장이 아닌 진정한 지지자, 응원자, 성장촉진자로 자리매김할 수 있다면 오히려 거대한 기회의 문이 열리게 될 것입니다. 아직 발령이 난 건 아니시니까 시간을 갖고 준비하시면 됩니다. 지금부터 준비해도 충분합니다.

1.3
본인 성과 올렸다고
자꾸 칭찬해 달라는 팀원 때문에 피곤합니다

팀장과 실무자의 근본적 차이점은 업무의 범위에 있다고 볼 수 있습니다. 리더는 자신의 고유한 업무뿐 아니라 팀원들의 업무 추진 상황을 챙기고, 면담을 통해 팀원들의 성장과 성취도 관리해야 합니다. 팀원들을 독려하는 것이 팀장의 중심 업무입니다. 그렇다 보니 팀장님들이 팀원들의 동기부여와 성과 향상을 위해 칭찬을 잘하는 것이 효과가 크다는 것을 인지하고 계십니다. 하지만 칭찬을 할 때 어떤 타이밍에 어느 정도로 해야 좋은지를 결정하는 것은 쉽지 않습니다. 특히 요즘 세대는 자신의 성과나 행동에 대해 빠르고 직접적인 피드백을 원하는 경향이 강합니다. 이번 글은 팀원 칭찬에 대한 내용인데, 팀장님의 고민은 다소 이색적입니다. 함께 살펴볼까요.

팀장 고민, 세 번째

"팀원들의 성과에 대해 격려하는 것은 옳다고 생각해요. 하지만 요즘에는 특정 팀원이 너무 자주 제게 칭찬을 받고 싶어 하는 것

> 같아요. 한두 번은 괜찮지만, 이 빈도가 너무 잦아지다 보니 이제는 스트레스가 됩니다. 솔직히 매번 칭찬을 해 주는 것도 부담스럽고, 똑같이 칭찬하면 제 진정성을 의심받게 될 것 같기도 하고, 무엇보다 앞으로도 이렇게 자주 칭찬을 요구받는 상황이 지속되면 어떻게 해야 할지 고민입니다."

3rd 고민과외

팀장님, 성과를 못 내는 팀원들 동기부여 하는 것도 쉬운 일이 아닌데, 이번에는 일은 잘하지만 매번 칭찬을 요구하는 팀원으로 고민이시군요. 칭찬이라면 언제든 충분히 해 줄 테니 성과 잘 내는 팀원들만 있으면 좋겠다는 팀장님들도 계실 수 있겠지만, 이 문제가 팀원들의 성과에 대해 격려하는 과정에서 팀장님께 스트레스가 되고 있음이 제게는 무게감 있게 다가옵니다. 팀장님께 지혜가 필요해 보입니다. 제가 드리는 제안들을 확인하시고 팀장님의 상황에 맞게 활용해 보시면 어떨까 하는 마음으로 하나하나 말씀드려 보겠습니다.

첫째, 칭찬은 팀장이 주도적으로 판단하여 진행해야 합니다. 팀원이 인정받을 만한 성과를 냈다고 하더라도, 그 타이밍과 방식은 팀장이 결정하는 것입니다. 칭찬은 동기부여의 중요한 수단이지만, 너무 빈번하게 요구되는 것은 팀장과 팀원 사이에, 그리고 팀의 전체 팀워크에 있어 오히려 부정적인 영향을 미칠 수 있습니다. 팀원이 지나치게 빈번한

횟수로 칭찬을 요구할 때는 주도권을 분명히 하시기 바랍니다. "당신이 요구하는 것은 팀장의 판단하에 이루어지는 것이며, 그 기준은 업무 성과와 관련이 있다"는 점을 명확히 전달해 주세요. 하지만 칼로 자르듯 냉랭하게 말씀하시기보다, 전달하는 내용은 분명히 하되 말씀하시는 톤과 에너지는 자상하고 부드럽게 표현하시면 좋겠습니다. 칭찬해 달라고 말했을 뿐인데, 오히려 팀장님 말투 때문에 상처를 받는 팀원들이 생기지 않아야 합니다.

둘째, 팀원이 자주 칭찬을 요구하는 이유에 대해 생각해 볼까요? 특정 직원이 지나치게 칭찬을 원한다면, 그 이면에 채워지지 않는 심리적 욕구가 있을 수 있습니다. 이때는 해당 직원과 솔직한 대화를 통해 왜 그렇게 많은 칭찬과 잦은 인정을 원하는지 파악하는 것이 중요합니다. 그가 갖고 있는 불안감이나 동기를 이해하면, 단순히 칭찬하는 것 이상의 의미 있는 피드백을 제공할 수 있습니다. 이 팀원은 칭찬을 반복해서 들어도 채워지지 않는 마음을 가진 사람일 수도 있습니다. 팀장님 스스로 칭찬을 어떻게 해 줘야 하는지에 대해 고민하는 것보다 팀원 마음의 허기짐을 바라보는 관점 전환을 시도해 보는 것도 서로에게 도움이 될 수 있습니다.

셋째, 칭찬의 질을 높여 보세요. 팀장님은 칭찬을 해 주고 있다고 생각하지만, 팀원은 양에 찰 만큼의 칭찬을 받지 못했기 때문에 계속 칭찬을 요구하는 것일 수도 있습니다. 한 번의 칭찬이더라도 팀원에게 충분할지, 채워질 양과 질을 고려해 보시기 바랍니다. 단순히 "잘했어"라는 피상적인 칭찬보다는, 구체적인 성과와 행동을 기반으로 한 인정이 더 효과적입니다. 예를 들어, "이번 프로젝트에서 문제를 잘 해결했어. 특히 그 방법을 떠올리고 실행에 옮긴 것이 정말 탁월했어"와 같은 방식으로, 팀원의 구체적인 행동을 칭찬해 주세요. 이렇게 하면 팀원들은 자신이 어떤 점에서 인정받고 있는지 명확히 알 수 있고, 더욱 동기부여를 받을 수 있습니다.

팀장님, 이번 솔루션은 특별히 팀장님께서 다양한 방안으로 다시 접근해 보시면 좋겠다는 생각이 듭니다. 위의 세 가지 제안을 우선 실행해 보시면서, 팀장님의 칭찬과 인정 역량을 더 고차원으로 쌓아 가신다면 이 일이 팀장님의 리더십 역량을 향상시키는 데에도 좋은 계기가 될 수 있을 거라 예상합니다. 하지만 인력 관리에 있어 정도는 없습니다. 온전히 팀원 개인적 문제가 이 일의 원인인 경우라면, 이 일이 팀에 미칠 영향을 고려하시며 팀원 개인별 면담을 진행해 주세요. 팀장님의 솔직하고 진정성 있는 소통으로 팀워크가 살아나고 부족한 팀원을 보듬을 수 있는 팀으로 새롭게 거듭나는 계기가 될 수 있습니다.

팀장님들의 '1:1고민과외' 리얼 후기

"명확한 논제가 제시되고, 이슈를 파헤치는 교육인 줄 알았어요. 게다가 1:1 교육이고, 그래서 머리 아플 수도 있겠다는 생각을 하고 교육에 참여했는데, 웬걸요. 있는 그대로의 나를 다양한 방법으로 들여다볼 수 있는, 일반적인 다른 교육들과 차별화되는 희소성으로 가득한 시간이었습니다. 마치 거울로 저를 바라보듯 제게 벌어지고 있는 일들을 펼쳐 볼 수 있었고, 그에 대한 제 감정과 생각들, 방향들을 서슴없이 말하게 되었네요. 말하다 보니 제 입으로 문제의 답을 말하고 있더라고요. 한 번도 생각해 본 적 없는 답들을 말이죠.

마법 같은 시간이었습니다. 김지엘 박사님의 교육은 코칭 기반의 접근이라서 그런지, 일반 교육들과 비교했을 때, 정말 소프트합니다. 절대 제게 뭔가를 주입하려 하지 않으시던데요. 그런데도 해답을 찾게 되더라고요. 저 혼자서라면 못 찾았을 것 같은데, 두 시간이 어떻게 지나갔는지도 모르겠습니다. 결국 '나에 대한 이해'가 키(key)였습니다. 이 교육 강추합니다. 다음에 박사님과 꼭 다시 대화를 나누고 싶습니다."

> 승진 부서장으로서 팀 운영 방향을 고민하는 동시에 팀장들 간의 파워게임에서도 고충을 겪고 있던 팀장님

구성원들은 리더가 강조하는 메시지가 간결할수록
업무몰입도가 올라가고 집중력 있게 일을 대하게 됩니다.

업무목표를 거뜬히 달성하고, 분위기가 좋으면
이런저런 문제의 이유를 찾을 필요가 없습니다.
세대차이가 불편할 수는 있으나, 본질적인 이유는 아닙니다.

2장

피드백과 갈등 관리

2.1
실수 피드백하면 타인의 잘못이라고 변명만 하고
실수가 막상 드러나면 입을 다물어 버리는 팀원

피드백은 종종 리더에게 부담감을 주는 업무라고들 합니다. 특히 실수를 지적했을 때, 자신의 잘못을 인정하지 않고 다른 사람을 탓하거나 변명으로 일관하는 팀원이 있다면 상황은 더욱 복잡해집니다. 이러한 태도는 팀의 분위기를 해치고, 팀원 간 신뢰를 무너뜨릴 수 있는 요인이 됩니다. 특히 요즘 세대 팀원들은 실수로 인해 자존감이 손상되는 것을 두려워하여 방어적인 태도를 취하는 경우가 빈번합니다.

팀장 고민. 네 번째

"업무에 있어 자꾸 실수를 하는 팀원이 있습니다. 자초지종을 파악하고 다른 팀원들의 이야기도 들어 가면서 이 팀원의 태도를 지켜봤지만, 늘 남 탓을 합니다. '동료가 이래서 그랬다', '고객이 그렇게 해서 내가 그렇게 했다' 등등 변명만 늘어놓곤 합니다. 하지만 원인을 파악하여 명확히 실체가 드러나는 순간에는 입을 다물어 버립니다. 본인의 잘못이 드러나자 더 이상 말을 하지 않더군요.

> 그리고는 '저는 잘하는 80%도 있는데, 왜 못하는 20%의 문제만 놓고 난리이신가요?'라고 반문합니다."

4th 고민과외

팀장님, 더 나아지길 바라는 마음으로 양질의 조언을 해 주시는데, 다짜고짜 팀원이 변명을 늘어놓거나 회피하는 태도를 보이면 말문이 턱 막히고, 마음이 닫히기도 하지요. 왜 이런 팀원이 내 팀에 있는 건가 하는 생각이 들기도 하실 것 같아요. 그럼에도 우리가 함께 생각해 보면 좋을 것은, 이런 팀원이 있기에 지금과 같은 고민을 해 볼 수 있고, 이를 극복하는 과정에서 팀장님의 리더십은 더욱 견고해질 거라는 것입니다. 이번 일에 대해 깊이 접근하며 팀장님의 다양한 역량이 개발되길 응원합니다. 지금 상황에서 현실적으로 적용할 수 있는 몇 가지를 제안드려요.

첫째, 피드백을 할 때는 그 목적을 명확히 하시는 것이 필요합니다. 피드백은 성장과 개선을 위한 것이지, 개인을 공격하거나 비난하기 위한 것이 아님을 팀원에게 분명히 하세요. 언제나 명확한 전제는 불필요한 의심을 잠재울 수 있습니다. 피드백을 하시기 전, "이 피드백은 당신의 성장을 돕기 위해 하는 것입니다"라는 메시지를 명확히 전달함으로써 팀원의 방어적인 태도를 줄일 수 있습니다. 이를 통해 팀원은 피드백을 자신의 성장을 위한 것으로 예상하며 대화에 참여하게 됩니다. 팀장님 역시도 단순한 질책을 넘어 팀원의 더 나아질 모습을 그리며 대화를 나눠 주세요. 피드백 전 과정이 단순히 팀원에게 개선되어야 할 내용 중심으로만 진행되면 건조한 대화로 전락하게 될 수 있습니다. 개선되고 난 후 더 나아질 팀원을 상상하며 내용보다 팀원이라는 존재를 바라보고 대화를 나눠 주세요.

둘째, 대화의 초점을 다시 설정하세요. '실수' 말고 '문제 해결'에 초점을 두는 겁니다. 실수를 지적할 때, 과거의 잘못을 반복적으로 언급하기보다는 "앞으로 어떻게 하면 좋을까?", "그렇게 개선되면 네 업무가 어떻게 바뀌게 될까?"라고 질문하며 미래 지향적인 대화를 나누세요. 이렇게 하면 팀원은 자신이 무엇을 해야 하는지 명확히 알 수 있고, 방어적인 태도 대신 문제 해결에 집중하게 됩니다. 과거의 잘못을 넘어, 앞으로의 행동 계획을 함께 세우는 것이 중요합니다.

셋째, 팀원 스스로 실수에 대한 책임감을 키우도록 도와주세요. 실수에 대해 변명만 하는 팀원에게 그 결과가 어떻게 팀 전체에 영향을 미치는지에 관해 스스로 생각하고 표현해 볼 수 있도록 하는 것이 중요합니다. "이번 일(실수)로 인해 우리 팀 전체의 프로젝트가 어떻게 달라질까?"와 같은 질문을 통해, 자신의 행동이 팀 전체에 어떤 영향을 미치는지 깨닫게 하는 것입니다. 이를 통해 팀원은 자신의 책임을 보다 명확히 인식하게 되고, 실수를 줄이기 위해 노력하게 될 것입니다.

넷째, 필요하다면 심리적인 지원을 고려해 보세요. 만약 팀원의 회피와 자기방어가 단순한 업무 태도의 문제가 아니라 개인적인 심리적인 불안감에서 기인한 것이라면, 심리 상담이나 심리 치료를 권유해 보는 것도 좋습니다. 이러한 접근은 팀원이 자신의 행동을 더 깊이 이해하고, 긍정적인 방향으로 변화하는 데 도움이 될 수 있습니다. 더불어 팀장님의 사려 깊은 배려에 팀원 스스로 해결하고자 하는 의지를 다지게 될 수도 있습니다.

팀장님, 지금 언급하신 어려움은 정말 많은 리더들께서 매일 직면하는 문제이기도 합니다. 그런 팀원은 그냥 내버려둬야 한다거나, 다른 팀으로 보내 버려야 한다는 짧은 생각으로 팀장님 자신의 리더십 성장의 기회를 놓치지 말아 주세요. 다소 부족해 보이는 팀원들이 팀장님에게 온 것은 팀장님의 리더십을 견고히 하는 데에 중요한 기회로 작용하게 됩니다. 리더로서의 삶에 값진 교훈이 될 것입니다. 결코 방치하거나 버린다는 생각 하지 마시고 지금보다 더 긴밀한 소통과 진정성 있는 자세로 임해 주세요. 팀원들 역시 이 상황을 맞이한 팀장님의 태도와 추진하시는 과정들을 보며 자연스럽게 배우고 성장하게 될 것입니다.

2.2
팀원에게 피드백을 하면 잘해 보겠다고 호의적인데, 그 이후에는 전혀 변화가 없습니다

피드백은 팀장의 중요한 역할 중 하나입니다. 피드백을 통해 팀원의 성장을 돕고, 업무 성과를 개선하려는 노력은 팀장이 갖춰야 할 필수 역량 중 하나라 할 수 있습니다. 대부분의 리더님들은 신경 써서 준비하고 정성스럽게 피드백을 진행합니다. 하지만 피드백 내용에 대해 긍정적으로 수용하는 듯 보이지만, 막상 실제로는 전혀 변화가 없는 팀원이 있다면 팀장은 좌절감을 느끼기도 합니다. 생각보다 이런 팀원들의 숫자가 많은 것도 현실입니다.

팀장 고민, 다섯 번째

"저는 10년 차 팀장으로, 팀원들에게 피드백을 하고 이를 통해 성장을 이끌어 내는 것을 중요하게 생각합니다. 그런데 최근 팀 내에서 주목받던 김 대리가 반복적으로 같은 실수를 저지르고 있습니다. 김 대리는 항상 긍정적인 태도로 피드백을 수용하며, '알겠습니다. 다음에는 꼭 더 잘 하겠습니다'라고 말합니다. 그러나

> 실제로는 전혀 변화가 없습니다. 지난 3개월 동안 비슷한 피드백을 여러 번 했지만, 여전히 동일한 실수를 반복하고 있고, 이는 팀 성과에도 영향을 미치기 시작했습니다. 왜 이런 걸까요?"

5th 고민과외

팀장님, 저 역시 팀원 피드백의 중요성에 대해 깊이 공감합니다. 대부분의 리더님들은 팀 성장을 통해 보람을 느끼고 팀원의 변화와 성취에 대해 각별한 애정도 있으시지요. 그런데 김 대리가 팀장님의 피드백을 수용은 하지만, 그것도 긍정적으로요. 하지만 피드백 이후에는 통 변화가 없으니 정말 마음이 답답하실 것 같습니다. 몇 가지 방향을 제안드릴게요. 팀장님 스스로 성찰의 기회로 활용해 보셔도 좋을 것 같습니다.

팀원은 성인입니다. 먼저, 성인의 학습과 변화에 대한 이해도를 높이는 것이 필요합니다. 성인은 어린이나 청소년처럼 배우고 공부했다고 해서 즉각적인 변화나 성장으로 연결되기가 쉽지 않습니다. 살아온 세월 동안 이미 쌓아 온 경험과 습관들이 깊이 뿌리내려 있기 때문입니다. 저는 이러한 패턴으로 사람을 바라보는 것을 훈련하다 보니, 코칭하며 조금이라도 변화가 되고 성장이 이루어지는 분들을 만나면 정말 기쁘더라고요. 팀장님, 관점을 새롭게 해 보도록 하죠. 팀장님이나 저도 마찬가지 아닐까요? 누군가로부터 조언을 들었을 때, 좋은 말을 들은 것도 맞고, 하면 좋다는 것도 알지만 그것을 즉각적으로 실행하는 데에는 여러 가지 생각이 들기도 하고 망설여지기도 하잖아요. 팀원도 다르지 않을 것입니다. 팀장님의 말씀이 모두 옳다는 것은 알지만 실행이 어려운 것이겠죠. 팀장님을 무시하거나 팀장님의 피드백 내용이 잘못돼서는 절대 아닐 겁니다. 팀원이 피드백을 듣고 즉각적으로 변화를 보이지 않는 것은 어찌 보면 자연스러운 일입니다. 팀원은 성인이니까요. 이때 팀장이 해야 할 일은 팀원에게 변화를 강요하기보다, 변화가 일어날 수 있는 환경을 조성하고 기다리는 것입니다. 성인의 변화는 시간이 걸릴 수 있다는 점을 인식하고 있어야 해요.

그리고 피드백의 내용을 더 구체화해 보는 것이 좋겠습니다. '더 열심히 해 보라'는 일반적인 조언은 행동 변화를 이끌어 내기 어렵습니다. 피드백은 명확하고 구체적이어야 합니다. 예를 들어, 김 대리가 자주 실수하는 부분이 특정 업무 절차라면, '요즘 그 특정 업무는 어때요?', '이 부분에서 실수가 반복되는 이유는 무엇인가요?', '이 절차 관련 나아지기 위해 구체적으로 무엇을 해 볼 수 있을까요?'와 같은 질문을 순차적으로 진행하여 김 대리가 스스로 문제를 인식하고 해결책을 찾도록 도와주세요. 이렇게 하면 변화의 방향이 더 분명해지고, 행동으로 옮기기 쉬워집니다.

또한, 김 대리의 업무에 대한 감정과 습관을 깊이 점검해 보는 기회를 가져 보세요. 김 대리가 변화하지 않는 이유가 단순히 의지 부족이 아닐 수 있습니다. 업무에 대한 부정적인 감정이나 나쁜 습관이 원인일 수 있습니다. 김 대리와의 면담을 통해 '이 업무를 할 때 어떤 감정을 느끼나요? 어떤 점이 그런 감정을 형성하게 할까요?'와 같은 질문을 던져 보세요. 이를 통해 김 대리가 자신의 감정을 인식하고, 극복할 수 있는 방법도 함께 모색할 수 있을 것입니다.

예를 하나 들어 볼게요. 국내 제약사에서 일하는 한 영업사원이 있었습니다. 이 영업사원은 재고를 자신의 방에 쌓아 두는 습관이 있었고, 이는 업무가 원활하게 수행되는 것을 방해하는 요소로 작용했습니다. 또한, 주요 거래처의 약사님을 떠올리면 부정적인 감정을 느끼고, 병원에 가기 전 간호사에게 잔소리를 듣는 것이 싫어 병원 방문을 꺼리는 상황이었습니다. 이러한 부정적인 감정들이 업무 몰입을 방해하고 실적에도 부정적인 영향을 미쳤죠. 팀장은 면담을 통해 팀원의 이런 감정들을 파악하고, 왜 그런 감정을 가지게 되었는지 깊이 이해하려고 노력했습니다. 팀장은 영업사원에게 '그 약사님을 떠올리면 어떤 기분이 드나요?', '그 병원을 방문할 때 어떤 감정을 느끼나요?'라고 질문하며, 스스로 자신의 감정을 직면할 수 있도록 했습니다. 이러한 깊이 있는 접근을 통해 영업사원은 자신의 부정적인 감정을 인식하고 팀장과 함께 개선하고자 노력했고, 다양한 시도를 하며 결국 매출이 상승하는 긍정적인 변화를 보게 되었습니다.

또 다른 사례도 있습니다. 은행 내 IT 보안 담당 부서 직원들에 관한 이야기입니다. 이들은 종일 시스템 오류를 모니터링 하는 업무를 하면서 시스템 자체에 대해 부정적인 감정을 갖고 있었습니다. 어떤 직원은 시스템 오류가 발생하면 '이 시스템이 또 난리 났다. 이래서 일 못 하겠다'라고 과하게 반응하곤 했습니다. 소속 팀장 역시 이러한 반응에 동조하며 '이 똥멍청이 같은 시스템'이라고 불평하기도 했죠. 이렇게 팀원과 팀장 모두가 시스템에 대해 부정적인 감정을 갖게 되면, 그 감정이 팀 전체의 분위기와 성과에 부정적인 영향을 미치게 됩니다.

그렇다면 어떻게 해야 할까요? 어떻게 해야 이정도로 부정적인 감정을 긍정적인 방향으로 전환할 수 있을까요? 비결은 조직 내의 감정을 긍정화하는 것입니다. 팀장 관점에서 말씀드릴게요. 팀원들이 시스템에 대해 비판하는 상황에서는 적당히 동조하되, 긍정적인 면을 부각하기 위한 별도의 활동이 필요합니다. 팀장은 조직의 분위기를 개선하기 위해 조직 내에 영향력이 있는 키맨(Key man: 핵심인력) 몇 명을 선정해 이런 상황에서 의도적으로 긍정적인 표현을 하도록 약속하고, 긍정적인 분위기를 형성해 보기로 합의를 했습니다. 예를 들어, '이런 또 말썽이네. 시스템 문제 때문에 힘들지만, 우리가 일단 이걸 해결해 내면 그다음 더 의미 있는 시스템을 회사에 제안해 볼 수 있을 것 같아'라는 형태로 긍정적인 측면을 강조하는 표현을 사용하는 것이 필요합니다. 의도화된 표현일지라도 말은 전염성이 강합니다. 조직문화 개선을 너무 어렵게 생각하지 않으셔도 됩니다. 일단 조직에서 영향력 있는 몇 명이 의도적으로 긍정적인 말을 하고 서로를 존중하기 시작하면, 구성원들의 생각은 서서히 긍정적 측면에 물들어 가게 됩니다. 시간이 지날수록 조직은 성숙하게 되고 구성원 서로에게 긍정적인 영향을 미치며 조직 스스로 변화를 이끌어 내게 됩니다.

다시 본론으로 들어가죠. 피드백 후에 아무런 변화도 없는 팀원의 변화를 기대하기 전에, 팀장 자신의 목표 설정의 선을 명확히 하는 것도 중요합니다. 변화가 없는 팀원에게 온갖 정성을 기울이고 에너지를 쓰면서 그 과정에서 팀장님도 팀원의 변화를 기대하게 되지요. '이만큼이나 내가 신경을 써 줬는데, 적어도 이 정도의 변화나 성장은 따라 줘야지' 하는 기대감을 갖기 쉽습니다. 그러나 앞서 말씀드렸지요? 팀원은 성인입니다. 자신의 경험과 습관에 따른 크고 작은 선택과 의지로 일을 하는 성인인 거죠. 자유의지가 있는 성인입니다. 팀장님이 들인 정성에 따른 동일한 결과의 양이 돌아올 거라 과한 기대를 갖고 있으면 실망하게 될 수도 있습니다. 지금까지 성실하게 행해 온 팀장님 자신의 리더십을 자책하며 좌절하게 되실 수도 있습니다. 그러니 팀원의 변화에 대한 팀장님 자신의 목표설정의 선을 명확히 하시는 것이 중요합니다. 궁극적으로 팀장으로서의 목표는 팀원이 성장할 수 있는 환경을 만들어 주는 것에 있어야 하며, '팀원의 성과가 곧 나의 성과다'라는 공식을 만들어 놓고 지나치게 몰입하지 말아야 합니다.

추가로 변화의 책임을 김 대리에게 명확히 하시는 것이 좋겠습니다. 피드백은 팀장의 역할이지만, 그 피드백을 바탕으로 변화하려는 노력은 팀원의 몫입니다. 김 대리 스스로 기대하는 변화가 무엇인지, 그것을 어떻게 실천할 것인지에 대해 명확히 이야기하며 실행계획을 확인하시고, 시간을 두고 팀원의 실행을 촉진하는 겁니다. 성인의 자유의지와 행동에 대한 이해를 바탕으로 계획대로 실행이 이루어지지 않더라도 따뜻한 관심과 격려로 실행이 촉진되도록 권해야 합니다. 다만 이 일을 실행하는 것은 김 대리 자신의 책임이며, 리더인 팀장님께서는 그 일의 주체인 김 대리가 해낼 수 있도록 돕는 코치이자 멘토라는 포지션을 정확히 해 주시는 것이 중요합니다.

필요하다면 목표를 조정하는 것도 고려해 보세요. 김 대리가 변화하지 않는 이유 중 하나는 목표가 너무 높거나 현실적이지 않기 때문일 수 있습니다. 김 대리의 능력과 상황에 맞는 작은 목표부터 설정하고, 그 목표를 달성했을 때는 작은 성취라 할지라도 그 성과를 반드시 인정해 주세요. 작은 성공 경험을 통해 자신감을 키우고, 점차 더 큰 변화로 나아갈 수 있도록 도와주는 것이 중요합니다.

팀장님, 변화는 결코 쉽지 않습니다. 리더에게도 어려운 것이 변화입니다. 그러니 팀원에게 무작정 변화를 강요할 수는 없습니다. 우리가 할 수 있는 건 팀원 스스로 변화의지를 갖도록 촉진하는 일입니다. 팀장님의 진정성 있는 피드백과 김 대리에 대한 신뢰가 변화의 중요한 자원이 되어 줄 것입니다. 때로는 기다림이 필요하고, 때로는 더 깊은 이해가 필요할 것입니다. 팀장님의 꾸준한 관심의 시선이 김 대리에게 머물러 긍정적인 변화를 가져오기를 진심으로 응원합니다.

2.3
부정적 답변만 하는 팀원 때문에 상처받아요

팀을 이끌다 보면 팀원 중 일부의 부정적인 반응 때문에 깊은 상처를 받을 때가 있습니다. 특히 반복적으로 팀원의 부정적인 답변을 받는다면, 팀장의 입장에서는 그 상황을 마주하는 것조차 고통스러울 수 있습니다. 이번 글에서는 이런 부정적인 팀원과의 소통에서 어떻게 마음을 지키고, 효과적으로 문제를 해결할 수 있을지에 대해 이야기해 보겠습니다.

> **팀장 고민, 여섯 번째**
>
> "저는 팀원 중 한 명의 부정적인 반응 때문에 깊은 상처를 받고 있습니다. 이 팀원은 제가 주의를 주거나 지적할 때마다 화를 내거나, 아예 대답조차 하지 않곤 합니다. 예를 들어, 팀원의 지각 문제로 회사의 기준을 설명하면서 이제는 시간 연차를 사용해야 한다고 말했을 때, 이 팀원은 아무런 대답도 하지 않고 오히려 화를 냈어요. 그 순간 제 손이 떨렸고, 팀원을 변화시키지 못하는 제 능력이

> 부족하다는 생각이 들었습니다. 회사에서는 이 팀원의 태도가 예전보다는 나아졌다고 평가했지만, 실제로는 조금도 나아지지 않았어요. 저는 이 팀원의 극단적인 부정적 태도에 그저 참는 것 말고는 할 수 있는 게 없다고 여기고 있습니다. 하지만 계속 의아합니다. 제가 참고 있는 게 맞는지, 자존심이 상합니다. 어떻게 해야 할지 고민이 깊습니다."

6th 고민과외 💬

팀장님, 지나치게 부정적인 팀원의 반응으로 내상이 심하세요. 누구라도 팀장님의 자리에 있다면 다르지 않을 겁니다. 팀장님의 능력 문제가 아닙니다. 팀장님께서 매일 그 팀원을 대하면서 느끼는 스트레스와 고충, 그리고 한계를 느끼는 감정까지도 충분히 제게 전해집니다. '자존심이 상한다'라고 표현하셨어요. 그럼에도 불구하고 포기하지 않고 이 문제를 제게 꺼내어 주신 팀장님의 용기에 감사드립니다. 지금부터 몇 가지 실천적인 방안을 제안드려 보겠습니다.

먼저, '개인'에 대한 이해가 필요합니다. 너무 거창한가요? 잘 들어 보세요. 부정적인 반응을 보이는 팀원의 행동 뒤에는 그의 과거 경험과 개인적인 배경이 있을 수 있다는 점을 이해해야 합니다. 팀원 나이가 서른이라면, 팀장님 앞에 앉아서 부정적인 말을 하고 있는 팀원은 그냥 사람만 와 있는 것이 아니고, 부정적인 말을 할 수 밖에 없는 30년의 삶이 함께 와서 앉아 있는 겁니다. 30년 이상 살아온 세월 동안 쌓아 온 모든 경험이 지금의 행동에 영향을 미치고 있는 거죠. 팀장님, 그 팀원의 과거를 우리가 바꿀 수 있을까요? 그 팀원의 지난 30년의 삶을 우리는 함께하지 못했기에 이해할 수 없는 부분은 당연히 존재합니다. 그러니 이 문제는 팀장님의 능력이 부족해서라고 판단하실 일은 아닙니다. 다만 우리가 스스로 관점을 달리하는 노력은 필요해 보입니다. 팀원은 자신이 살아온 세월을 안고 팀장님 앞에 앉아 있는 겁니다. 어찌 보면 팀원은 솔직하고 자연스러운 모습으로 팀장님을 대하고 있는 것일 수도 있어요. 팀원은 현재 30년의 삶을 토대로 자기답게 판단하고 행동하고 있다는 것을 팀장님께서 이해하시는 것이 우선입니다.

그리고 팀장으로서 리더십의 무게중심을 다시 맞추는 것이 필요합니다. 부정적인 팀원에게 팀장의 리더십의 초점이 맞춰져 있다면, 다시 팀 전체를 바라보며 균형을 찾아야 해요. 팀원 개개인을 만나 그들의 목표를 이야기하고, 팀 전체의 큰 그림을 살피는 거죠. 팀장님은 팀원 10명의 팀장입니다. 한 명의 부정적인 팀원에게 지나치게 쏠려 있거나 너무 많은 에너지를 쏟기보다는, 오히려 팀장님에게 긍정적인 에너지를 줄 수 있는 팀원들과도 시간을 보내며 시선을 다양하게 가져가시길 바랍니다.

또한, 이정도로 에너지가 소진되면 번아웃(Burn-Out)이 올 수 있습니다. 부정적인 팀원과의 접촉이 늘면 당연히 팀장의 에너지를 소진시킬 수밖에 없습니다. 하지만 관점을 달리하여 이럴 때일수록 긍정적인 순간을 만들고 팀장님 스스로 에너지를 충전하는 방법도 있습니다. 예를 들어, 팀 내에서 칭찬 캠페인을 소소하게 진행해 보는 겁니다. 서로 칭찬 메시지를 주고받는 캠페인을 통해 긍정적인 상호작용을 축적하는 거죠. 작은 긍정적인 순간들을 모아 팀장님 자신에게 에너지로 공급해 보세요. 관점을 다양하게 가져가며 긍정적인 면을 관심을 갖고 찾아 보는 것도 큰 도움이 될 겁니다.

소통 방식에 변화를 주는 것도 좋습니다. '아이 메시지(I-message)'를 활용해 보시지요. 팀원에게 피드백을 할 때, '왜 일을 이렇게 했어?'라는 식의 표현은 상대방이 방어적으로 나올 가능성이 큽니다. 대신, '나는 네가 이렇게 행동했을 때 이런 느낌을 받는다'라는 형태로 자신의 감정을 전달하는 방식으로 접근해 보세요. 이렇게 하면 상대방이 방어적으로 나오지 않게 할 수 있고, 감정적인 갈등을 줄일 수 있습니다.

예를 들어, 지각 문제에 대해 이야기할 때 '왜 지각했어?'라고 물어보는 대신에, '네 지각으로, 나는 팀 전체의 일정이 틀어지고 영향이 있을까 봐 걱정스러워'라고 말하는 겁니다. 이렇게 하면 팀원도 자신의 행동이 팀에 어떤 영향을 미치는지 조금 더 생각하게 될 것입니다.

마지막으로, 팀장님 스스로도 상처받지 않도록 마음을 단단히 해야 합니다. 부정적인 반응은 팀원 개인의 문제일 뿐, 팀장님의 능력 부족을 의미하지 않습니다. 때로는 우리가 할 수 있는 것과 할 수 없는 것을 구분하고, 팀장으로서 최선을 다했음을 스스로 인정하는 것도 중요합니다. 팀장님께서 팀원에게 최선을 다하셨다면, 이 이슈의 결과는 팀원의 몫으로 맡겨야 합니다. 너무 자책하지 마세요. 팀장의 역할은 모든 팀원을 변화시키는 것이 아니라, 변화를 위한 환경을 조성하고 팀원이 변화되어 가는 과정을 인내하며 지원하는 것입니다.

팀장님, 부정적인 팀원의 반응 때문에 상처받는 것은 당연한 일입니다. 그럼에도 불구하고 팀장님의 분투하시는 모습은 제게도 큰 울림이 됩니다. 무엇보다 팀장님의 메시지가 해당 팀원에게 흡수되지 않는다 해서 팀장님이 그 팀원에게 할 말을 생략하는 것은 좋지 않습니다. 하실 말씀은 저항이 있더라도 하셔야 합니다. 말을 안 듣는다고 말을 하지 않고 있으면 자칫 팀장님께서 마음속으로 그 팀원을 비판하는 습관이 자리하게 될 수도 있거든요. 그 팀원에 대한 강한 부정적 감정이 잠재의식에 저장되면 팀장님의 정서에 조금도 좋을 것이 없습니다. 정말 힘드시면 인사개편 시즌을 활용해 해당 팀원의 이동을 진행하시는 걸 고려해 보시는 지혜도 필요해 보입니다. 팀장님의 정서와 감정, 멘탈은 모두 팀의 성과와 연결됩니다. 이럴 때일수록 팀 전체에 시선을 두시고 모든 팀원들과 함께 시간을 보내 주세요.

2.4
팀원이 듣기 싫어하는 말이라도
할 때에는 해야 하는데 어렵습니다

팀원이 듣기 싫어할 만한 말을 해야 할 때가 있습니다. 이러한 상황이 편안한 리더는 아무도 없습니다. 특히 나로 인해 타인이 불편함을 느끼면, 그걸 보는 내가 더 불편해져서 힘든 마음이 더욱 커지는 성향을 가진 경우라면 이런 상황이 더더욱 어렵게 느껴질 수 있습니다. 그러나 팀장의 역할은 때때로 불편한 진실을 말해야 하고, 그것을 통해 팀 전체를 더 나은 방향으로 이끌어야 합니다. 이번에는 어떻게 이런 상황을 극복하고 필요한 말을 효과적으로 전달할 수 있을지에 대해 이야기해 보겠습니다.

팀장 고민, 일곱 번째

"저는 팀원에게 듣기 싫어할 만한 말을 할 때마다 어려움을 느낍니다. 남이 싫어할 것 같은 이야기를 꺼내는 것이 저에겐 너무 힘들어요. 팀장으로서 필요하다면 이런 불편한 얘기를 해야 팀을 리딩할 수 있다는 것은 알고 있지만, 막상 '내가 이런 말을 하면 팀원이

> 과연 이해할까?', '혹시 관계가 불편해지진 않을까?'라는 생각에 쉽게 꺼낼 수가 없어요. 다른 팀장들은 잘하는 것 같은데, 저는 말조차 꺼내기가 쉽지 않네요."

7th 고민과외 💬

팀장님, 듣기만 해도 마음이 무거워집니다. 팀원에게 듣기 싫어할 만한 말을 한다는 것은 정말 어려운 일입니다. 정도의 차이만 있을 뿐 다른 팀장님들도 크게 다르지 않을 거예요. 해야 하니까 말을 하는 거죠. 팀장님께서 이 상황을 얼마나 고민하고 계시는지 부담감이 크게 다가옵니다. 그리고 팀원과의 관계 유지에 얼마나 마음을 쓰고 계시는지도 충분히 느껴집니다. 하지만 또 해야 할 말은 어느 시점에서든지 해야 하는 것이죠. 과연 어떻게 하는 것이 가장 좋은 타이밍과 방법일까요? 제가 말씀드리는 내용을 참고해 주세요.

먼저, 팀장님! 중요한 이야기라면 반드시 해야 합니다. 팀원의 성장을 위해, 그리고 팀 전체의 성과를 위해서 말이죠. 팀원이 듣기 싫어할 것 같다고 해서 말하지 않는다면, 이는 결국 팀 전체의 업무에 누락을 가져올 수 있어요. 팀장님께 요구되는 중요한 책임 중 하나가 바로 이런 불편한 진실을 전달하는 것입니다. 이는 팀원들에게 필요한 정보를 주는 것이고, 그들이 성장할 수 있는 기회를 제공하는 것이니까요.

다음으로, 이런 불편한 이야기를 할 때에는 중립적인 태도를 유지하는 것이 중요해요. 상대방의 눈치를 너무 많이 보지 않으셨으면 좋겠어요. '이런 말을 하면 저 팀원이 이렇게 생각하겠지?'라는 과도한 추측은 오히려 대화를 어렵게 만들 수 있습니다. 우리가 하는 예상이 항상 맞는 것도 아니잖아요. 대화를 나눠 봐야 상대방의 진짜 생각을 알 수 있습니다. 그러니 전달해야 할 내용은 최대한 중립적으로, 있는 그대로 전달하세요. 팀장의 감정이나 생각을 얹지 않고, 필요한 정보를 명확히 전달하는 것입니다. 그런 다음, '내 이야기에 대해 어떻게 생각하나요?'라고 물어보세요. 예상보다 훨씬 다양한 반응이 나올 수 있습니다.

또한, '팩트(Fact: 사실)'와 '해석'을 명확히 구분하는 것이 필요합니다. 팀장님께서 이 상황에 대해 어려움을 느끼는 이유 중 하나는, 팀장님이 갖고 있는 해석의 양이 많아서일 것입니다. 팀원의 반응을 지나치게 예상하고 깊이 해석하려고 하기 때문일 수 있어요. A4 용지를 펴고 가운데 부분에 위에서 아래로 선을 그어, 왼쪽에는 '팩트', 오른쪽에는 '해석'을 적어 보세요. 그리고 팀장님의 생각 덩어리들을 분리하는 작업을 진행합니다. 예를 들어, '김 대리가 지각했다'는 것은 팩트이지만, '김 대리가 지각한 이유는 나를 무시해서일 것이다'는 해석이죠. 이처럼 팩트와 해석을 구분해 보면, 팩트보다 해석에 대한 영역에 내용이 많이 적혀 있을 것입니다. 실제로 팩트도 아닌 일들을 해석하느라 마음이 무거워지고 정신이 혼미한 경우들이 많다는 걸 알게 되실 겁니다. 이 연습을 통해 불필요한 걱정과 해석에서 벗어날 수 있고, 더 명확하게 소통할 수 있을 거예요.

추가로 팀원과의 소통에서 아이 메시지(I-message)를 활용해 보세요. 팀장님께 정말 유용한 방법일 거예요. 듣기 싫어할 만한 말을 할 때, '너 왜 이렇게 했어?'라는 식으로 말하면 상대방은 공격을 받고 있다고 느끼거나 혼난다는 생각에 변명거리를 찾게 될 수 있습니다. 대신 '네가 이렇게 행동했을 때 나는 이런 느낌을 받았어'라는 방식으로 팀장님의 감정을 깨끗하게 전달하는 방법이 훨씬 효과적입니다. 이렇게 하면 팀원도 팀장님의 느낌에 귀를 기울이고 마음을 열며 자신의 행동이 팀장님에게 어떤 영향을 미쳤는지 생각해 볼 기회를 얻게 됩니다. 예를 들어, '네가 일정에 맞추지 않았을 때 나는 전체 팀의 진행이 늦어질까 봐 걱정이 되더라'라고 말해 보세요. 이렇게 하면 팀원도 자신이 팀에 미치는 영향을 조금 더 인식할 수 있을 것입니다.

마지막으로, 팀장님! 팀원에게 불편한 말을 해야 하는 상황에서 상처받지 않도록 스스로를 보호하는 것도 중요해요. 팀장님이 팀원을 존중하는 태도를 갖추고 필요한 말을 했고, 그것이 팀원에게 어떤 영향을 미칠지는 그들의 책임입니다. 팀장님께서 예의를 갖춰 최선을 다해 말을 전했다면, 그 이후의 변화는 팀원의 몫이죠. 결과가 어떻든 자책하지 않으셨으면 좋겠습니다. 팀장님의 역할은 모든 팀원을 변화시키는 것이 아니라, 변화를 위한 환경을 조성하는 것입니다. 잊지 말아 주세요.

팀장님께서 팀원들을 위해, 그리고 팀 전체를 위해 고민하시는 모습, 그 자체가 팀장님과 팀의 성장이라는 생각이 드네요. 불편한 이야기를 해야 한다는 부담감을 느끼면서도, 그 책임을 다하려는 팀장님의 모습이 지금 당장은 힘겨워 보여도, 멀리서 보면 팀원들에게 귀감이 되는 알짜 리더십을 발휘하고 계신 것이라는 생각도 듭니다.

팀장님들의 '1:1고민과외' 리얼 후기

"팀원에게 하는 단순한 칭찬은 순간적인 기분만 좋게 하는 것일 뿐, 오래 가지도 않고 오히려 저를 가벼운 사람으로 오해하게 할 수도 있다는 것을 깨달았습니다. 교육에서 말씀해 주셨듯이 팀원의 역량을 기반으로 하는 인정을 표현하는 것이 팀원으로 하여금 일을 추진할 수 있는 동력이 된다는 것에 크게 동의합니다.

'동력'이라는 말씀이 정말 중요한 것 같습니다. 일하는 건 팀원들이잖아요. 팀원들이 일을 할 힘이 있어야 하는데, 저는 그동안 팀장으로서 팀원들 힘만 뺀 것 같습니다. 교육에서 배운 대로 팀원 개개인을 인정함으로써 팀원들마다 가지고 있는 장점과 역량들이 잘 드러나도록 리딩하는 팀장이 되겠습니다.

그리고 교육 중 저에게도 박사님께서 직접 인정을 해 주셨잖아요. 처음 뵙는 것이었고, 그것도 전화교육인데 어떻게 그렇게 제 이야기를 깊이 경청하시고 인정을 해 주시는지 많이 놀랐습니다. '말씀하시는 톤보다 더 강력한 의지와 추진력이 느껴집니다'라고 하시는데 깜짝 놀랐고 아마 그 시점부터 제가 마음이 확 열려서 제 있는 그대로를 보여 드릴 수 있었던 것 같습니다.

기회만 된다면 바로 재교육도 신청할 의사가 있습니다. 다음 교육 때는 더 심각한 고민을 털어놓을 예정입니다. 아무리 심각한 고민이라도 김 박사님 만나면 티끌 같고 별거 아닌 게 되어 버리니까 기대가 됩니다!"

팀 실적 부진으로 초조하지만 팀원들에게 큰 부담과 압력을 주기보다 자발성을 높여서 팀 목표를 맞추고자 하는 팀장님

일 잘하는 사람은 잘하는 이유가 분명합니다.
본인이 하려고 하니까! 하고자 하는 의지가 있어서입니다.

리더는 구성원이 의지를 갖도록 최선을 다하되
결과는 구성원의 몫입니다.

3장

관계 형성과 소통

3.1
관계 형성이 안 된 팀원과
성과면담이 부담돼요

팀원들과 성과면담을 할 때, 관계 형성이 잘 이루어져 있지 않은 팀원과의 시간은 팀장에게 부담이 될 수 있습니다. 평소에 팀원들과 자주 소통하고 대화 나누며 신뢰를 다져 왔다면 면담이 비교적 수월할 수도 있을 것입니다. 성과 이야기를 꺼내면서 마음의 부담이 덜할 것이기 때문입니다. 하지만 조직이나 업무의 특성에 따라 팀원들과의 개별적인 관계 형성이 어려운 상황에서 성과면담을 해야 할 때가 있을 수 있습니다. 이때는 팀장이라면 누구나 부담감이 더 커지게 됩니다. 비록 친밀한 관계가 아닌 팀원과의 성과면담일지라도 팀원의 성장과 팀 목표 달성을 위해 책임을 다하는 역량이 필요합니다.

팀장 고민, 여덟 번째

"저는 세일즈 조직을 서포트하는 지원부서의 팀장으로 일하고 있습니다. 과거에 세일즈 팀장이었을 때는 팀원들과 자주 대화하면서 관계를 잘 형성해 왔고, 그 덕분에 성과면담도 편하게 진행할 수 있었어요. 하지만 지금은 회사 전체를 지원하는 입장이라 모든 팀원들과의 관계를 깊게 형성하기가 어려운 상황입니다. 주로 문제가 생겼을 때만 면담을 진행하다 보니 이슈 중심의 대화가 많고, 관계가 잘 형성되지 않은 상태에서 피드백을 하려니 부담이 큽니다. 그래서 올해부터는 제가 직접 한 명 한 명 만나서 얼굴을 보며 업무적으로 이해관계가 있는 팀원들 위주로 관계를 쌓아 가 보려고 노력 중입니다. 그런데 생각처럼 잘되지 않네요. 좋은 방법이 없을까요?"

8th 고민과외 💬

팀장님, 관계 형성이 이루어지지 않은 팀원과 성과면담을 해야 하는 부담감에 대한 말씀이시네요. 과거에 직접 세일즈 팀을 맡아 리딩하셨을 당시에는 팀원들과의 친밀한 관계 덕분에 자연스럽게 면담이 이어졌겠지만, 지금은 다수의 팀원들과 깊게 관계를 맺기 어려운 상황이니 고민이 깊어질 수밖에 없겠죠. 게다가 목표로 하시는 면담 대상자들이 팀장님의 팀 소속이 아니라면 면담은 더 부담되실 수 있습니다. 대부분 이런 경우, 소통할 일이 있더라도 면담 대상자들을 각자의 팀 소속 리더에게 넘기는 경우가 빈번합니다. 혹은 지원부서의 특징을 활용해 직접 소통할 필요가 없도록 팀장님 자신의 업무분장 자체를 다시 하는 경우도 있죠. 그럼에도 불구하고 이렇게 노력하시는 걸 보면, 말씀하신 고민은 성과면담 그 자체보다 팀장님의 성과면담 역량을 유지하거나 더 개발하시고자 하는 의도로 이해가 됩니다. 제 말씀에 동의가 되신다면 팀장님 정말 멋진 학습자이자 준비된 리더세요. 이 고민에 대해 구체적으로 실행해 볼 수 있는 몇 가지 방법을 알려 드리겠습니다.

먼저, 면담의 목적을 명확히 설정하는 것이 중요합니다. 성과면담의 목적은 팀원을 관계적으로 편하게 만드는 것이 아니라, 성과를 향상시키기 위해 팀원의 행동을 개선하고 방향을 강화하는 것입니다. 물론 관계 형성이 잘되어 있다면 면담이 수월해질 수 있지만, 성과면담의 본질적인 목적이 관계 형성에 있는 것은 아니라는 걸 기억해 주세요. 관계가 잘 형성되지 않았다는 이유로 성과면담의 시간을 관계 형성하는 용도로 활용하셔서도 안 됩니다. 성과면담의 핵심 목표에 집중하는 것이 중요합니다. 의식적으로 면담의 목적과 목표를 분명히 하는 순간 감정 또한 어렵지 않게 정리가 되실 겁니다. 앞두고 있는 성과면담의 목표를 분명히 하시면, 조금 더 편안한 마음으로 면담에 임하실 수 있을 거예요.

두 번째로, 팀원에게 정말 중요한 주제를 다뤄야 합니다. 자신에게 중요한 주제로 대화 나누는 것을 싫어할 사람은 아무도 없습니다. 팀원에게 가장 중요한 주제를 놓고 진지하게 대화를 나누면 그 자체가 신뢰 형성의 지름길입니다. 많은 팀장들이 성과면담에서 자신이 전달해야 할 내용에만 집중하다 보니 대화가 일방적으로 흐르곤 합니다. 하지만 상대방에게 정말 중요하고 필요한 주제를 다루면, 별도로 팀원과 관계형성에 애쓰지 않더라도 자연스럽게 신뢰가 쌓입니다. 예를 들어, 팀원의 회사생활에서 가장 중요한 부분이나 현재 가장 도전적인 목표가 무엇인지에 대해 질문해 보세요. 그 자리에서 당장 무언가를 해결해 주지 않아도 됩니다. 팀원에게 정말 중요한 주제를 함께 꺼내어 다루고 소통했다는 것만으로도 팀장님은 팀원에게 중요한 존재가 되는 것입니다.

셋째로, 팀원의 역량을 인정하고 표현하는 것이 필요합니다. 성과면담에서 단순히 성과를 브리핑해 주고, 더 열심히 하라는 지시만으로는 팀원의 달라진 퍼포먼스를 기대하기 어렵습니다. 데이터에 기반한 대화뿐만 아니라, 팀원의 노력과 가치를 역량 중심으로 인정하는 표현이 필요해요. 예를 들어 '이번 프로젝트에서 새로운 방향을 시도하고 실행한 당신의 추진력이 인상적이었습니다'와 같이 구체적으로 팀원의 역량을 인정하는 표현을 해 보세요. 팀원은 단순히 칭찬받았다는 느낌을 넘어서 자신의 추진력을 팀장님에게 인정받았다고 여기게 될 것입니다. 나아가 인정받았다는 생각이 팀원을 더 열정적으로 업무에 임하게 할 것입니다. 역량 중심의 인정이야말로 팀원이 자발적으로 일할 수 있는 동력이 됩니다. 팀장님에 대한 신뢰와 팀에 대한 소속감이 오르는 것은 덤입니다.

팀장님, 관계 형성이 조금 부족한 팀원과의 면담이실지라도 용기를 내세요. 팀원들도 팀장님과의 성과면담을 통해 나아지고자 하는 욕구가 분명히 있습니다. 그리고 바로 그 부분을 도와주실 분이 팀장님이라는 사실 또한 팀원들은 알고 있습니다. 평소에 관계형성이 다소 부족했을지라도 성과면담 그 자체가 구성원에게 유익하고 양질의 시간이었다면 신뢰는 이미 자연스럽게 형성이 되는 겁니다. 꼭 같이 밥 먹고 술 마셔야 관계가 형성되는 것은 아닙니다. 성과면담의 목적에 충실하며 팀원의 성과 향상이라는 본질에 집중하시는 것으로 새로운 관계를 형성해 나가시길 권합니다.

3.2
서로 관계가 틀어져
갈등 중인 팀원들 관계를 잘 중재하고 싶어요

팀 내에서 구성원 간의 갈등이 발생하는 것은 흔한 일입니다. 하지만 리더로서 이 갈등을 중재하는 일은 매우 까다롭고 부담스러울 수 있습니다. 특히 개인적인 문제로 인한 갈등일 경우, 리더로서 어느 정도까지 개입해야 할지 고민이 될 때가 많습니다. 이번 고민에서는 갈등 중인 팀원들 사이에서 리더가 어떻게 중재하고, 팀 분위기를 긍정적으로 변화시킬 수 있을지에 대해 이야기해 보겠습니다.

팀장 고민, 아홉 번째

"A 팀원이 옆자리에 앉은 B팀원의 담배 냄새 때문에 업무에 집중하기 어렵다고 호소하며, 그 팀원에게 담배를 끊으라고 말해 달라고 제게 요청했습니다. 반면, B팀원은 '담배는 기호의 문제이고, 누가 뭐라고 할 일이 아니다'라며 불만을 표했습니다. 서로의 불만이 커지면서 분쟁이 발생했고, 두 팀원 모두 저에게 의존하며 문제를 해결하려고 합니다. 저는 중간에서 큰 부담을 느끼고 있어요."

9th 고민과외 💬

팀장님, A팀원과 B팀원 사이에서 많이 곤혹스러워하시는 팀장님 모습이 그려지네요. 팀원들 간의 갈등을 중재해야 하는 상황, 정말 어려우실 거예요. 특히 그 문제가 개인적인 선호나 생활 습관과 관련된 것이라면 더욱 그렇죠. 쉽지 않은 상황임에도 불구하고 팀장님께서 중간에서 조율하려고 노력하고 계시는 모습이 정말 인상 깊습니다. 지금까지는 팀장님과 팀원 간의 관계에 관한 내용을 말씀드렸다면 지금은 팀원들 간의 관계에서 발생한 일을 어떻게 대처하며 해결해 나갈 수 있을지 알려 드리도록 할게요.

우선, 개인적인 문제도 리더십의 영역임을 인식해야 합니다. 많은 팀장님들이 개인적인 문제는 리더가 관여하지 않아도 되는 부분이라고 생각하시곤 합니다. 하지만 이러한 문제가 업무의 리듬과 팀 전체 분위기에 큰 영향을 미칠 수 있죠. 따라서 개인적인 문제라고 해도 리더의 중재가 필요하다는 점을 받아들이셔야 합니다. 리더십이 발휘될 수 있는 영역임을 인지하는 것이 중요합니다.

둘째로, 양측이 원하는 것을 명확히 파악하세요. 갈등 중재에서 가장 기본은 당사자들이 각각 무엇을 원하는지를 정확히 아는 것입니다. 지금 A 팀원은 담배 냄새로부터 벗어나기를 원하고, B 팀원은 자신의 기호를 존중받기를 원합니다. 이러한 기본적인 요구 사항을 명확히 한 후, 양측과 대화를 통해 서로의 입장을 진지하게 들어 보세요. 이 대화 과정에서 팀원들이 자신의 입장을 표현하고, 상대방의 이야기를 들으면서 서로를 이해할 수 있는 기회를 갖게 됩니다. 말씀드렸죠? 누구나 자신에게 중요한 주제에 대해 진지하게 대화를 나누면 신뢰가 쌓이기 마련입니다.

셋째로, '팩트(Fact: 사실)'와 '해석'을 구분하는 것이 중요합니다. 계속 강조드리고 있죠. 지나친 해석이 수많은 갈등을 일으킵니다. 갈등의 원인들 중 많은 경우는 팩트보다는 해석에서 비롯됩니다. 두 팀원에게 각각 A4 용지를 주고, 가로로 펼친 후 가운데 부분에 위에서 아래로 줄을 그어 좌와 우를 구분 한 뒤, 좌측에는 팩트, 우측에는 해석을 적어 보게 하세요. 예를 들어, 'A 팀원이 담배 냄새에 대해 불편함을 느꼈다'는 팩트이지만, 'B 팀원이 나를 존중하지 않아서 담배를 계속 피운다'는 해석일 수 있죠. 이 연습을 통해 팀원들이 스스로 팩트와 해석을 구분하도록 하고, 그동안의 갈등이 해석에서 비롯된 부분이 많음을 깨닫도록 도와주세요. 이렇게 팩트와 해석을 분리하면 갈등이 완화될 가능성이 높아집니다.

마지막으로, 협상 스킬을 활용해 중재를 시도하세요. 양측의 입장을 듣고, 서로가 만족할 수 있는 해결책을 찾는 것이 중요합니다. 예를 들어, A 팀원이 원하는 것은 담배 냄새로부터의 해방이고, B팀원은 자신의 기호를 존중받기를 원한다면, 공용 공간에서의 흡연을 제한하거나 대체 공간을 마련하는 등의 대안을 제시해 볼 수 있습니다. 양측 모두가 조금씩 양보하고, 마지노선을 설정해 가며 협상하는 것이 중요합니다. 팀장님께서 양측의 요구를 객관적으로 파악하고, 중립적인 입장에서 협상할 수 있도록 이끌어 주신다면, 두 팀원 모두 합의점을 찾을 수 있을 것입니다.

　팀장님, 팀원들 간의 갈등을 중재하는 과정이 결코 쉽지 않지만, 그 과정에서 리더로서의 역할이 더욱 빛날 수 있습니다. 팀원들의 갈등을 해결하며 팀의 분위기를 긍정적으로 변화시킬 수 있다면, 팀장님께서도 큰 보람을 느끼실 거예요. 제가 드린 제안들을 하나씩 활용하시다 보면, 어느새 팀원들 간의 분위기가 훨씬 좋아지고 업무의 효율도 더 높아지는 긍정적인 결과를 얻게 되실 겁니다.

3.3
자기주장이 지나치게 강한 팀원과 소통하는 방법

조직 내에서 자기주장이 강한 팀원과 소통하는 것은 많은 리더들이 겪는 어려움 중 하나입니다. 이런 상황은 특히 팀원들이 솔직하고 직설적인 대화 방식을 선호할 때 두드러지며, 서로의 의견을 받아들이기보다 자신의 주장을 밀어붙이는 분위기가 형성되곤 합니다. 이는 종종 팀원들 간의 충돌을 초래하고, 리더로서 갈등을 조율하기 어려운 상황을 만듭니다.

이러한 상황이 누적되다 보면 팀장 역시 자기주장이 강한 팀원들과의 소통이 불편해지고, 관계 측면의 선입견이 생기곤 합니다. 하지만 이 모든 걸 딛고 팀원들과 긍정적으로 소통하려 노력한다면 조직의 소통 문화를 개선해 나갈 수 있습니다.

팀장 고민, 열 번째

"저희 조직은 팀원들이 상당히 직설적이고 솔직하게 소통하는 편입니다. 팀원들이 오래 함께하다 보니 서로의 특징을 다 파악한 상태라, 대화할 때 보면 각자 자기주장을 굉장히 강하게 밀어붙이면서 상대방의 말을 잘 수용하지 않는 경우가 많습니다. 말이 세고, 서로 의견을 굽히지 않는 분위기가 자주 연출되죠. 솔직히 오래되다 보니 서로의 특징을 너무 잘 알아서 그런 것도 있습니다.

그러던 중에, 언제부턴가 저도 문제가 있다는 생각이 들더군요. 저 역시 팀원들의 이야기를 잘 듣지 않고 있는 겁니다. 특히 자기주장이 강한 특정 팀원의 말은 더더욱 듣지 않게 되면서, 그와의 관계는 점점 골이 깊어지고 선입견도 고착화되는 느낌입니다. 이렇게 계속 가다가는 소통의 벽이 더 높아질 것 같아서 걱정입니다. 저희 팀원들 중 절반 정도는 자기주장이 강한 편이거든요. 제가 원하는 건, 이런 자기주장이 강한 팀원들과도 소통을 원활하게 하고 싶은 겁니다. 제가 뭘 해야 할까요?"

10th 고민과외

팀장님, 자기주장이 강한 팀원들과의 소통 문제로 고민이 많으시군요. 오랜 시간 함께한 팀원들이라 서로의 특징을 너무 잘 알고 있다는 것도, 때로는 소통의 걸림돌이 될 수 있죠. 하지만 팀장님께서 소통을 개선하고자 이렇게 용기를 내셨으니 희망을 갖고 과외 수업 시작해 보겠습니다. 팀장님을 도울 수 있는 몇 가지 제안을 드려 보겠습니다.

첫 번째로, 주장을 강하게 펼치는 이유를 함께 생각해 볼까요. 팀원들의 강한 자기주장은 대부분 인정받고자 하는 욕구에서 비롯됩니다. 팀장으로부터 받아야 할 인정을 제대로 받지 못했다고 여기는 경우 스스로 주장을 강화하는 경향이 있습니다. 좀 놀라셨죠? 팀장님께서도 이 부분에 나름의 노력은 해 오셨을 테니까요. 방법이 없는 것은 아닙니다. 오히려 이 문제는 의외로 간단하게 해결될 수도 있어요. 간단합니다. 팀장님이 먼저 인정의 양과 질을 개선하여 표현하면, 자연스럽게 팀원들의 강한 주장이나 태도들도 서서히 완화됩니다.

제가 코칭을 했던 분 중에 시장 상인회 회장님이 계셨는데요, 그분과의 대화를 예로 들어 볼게요. 회장님을 처음 만났을 때, 대형 마트의 시장 상권 진입에 대해 분노하며 이렇게 말씀하셨습니다. "대기업의 유통 마트가 옆에 들어온다고 하네요, 그렇잖아도 힘든 시장 상인들은 다 어쩌라고, 이 죽일 놈들!" 이 말을 듣고 저는 잠시 침묵한 후, 회장님과 아이 컨택을 하며 이렇게 말했어요. "회장님, 이렇게 화내실 정도로 시장과 시장 상인 분들에게 열정과 애정이 있으시군요!!" 그러자 회장님의 태도가 조금 누그러졌어요. 저는 이어서 질문했죠. "회장님, 최근에 이 일 말고 또 열정적이었던 때는 언제인가요?" 회장님은 "시장님이 저희 시장에 방문하셨을 때 시장님을 에스코트해서 우리 상인들 한 명 한 명 소개했을 때였습니다"라고 답하셨습니다. 처음 분노하셨을 때와는 완전히 다른 표정과 말투를 느낀 저는, "와! 회장님, 회장님이 안계셨다면 우리 상인회나 시장이 제대로 돌아가지 않겠네요! 시장과 상인회에 정말 열정적이고 누구보다 헌신적이시라는 게 느껴집니다! 회장이라 해서 누구나 다 그렇게 하지는 못하겠죠"라고 말했습니다. 이 말을 듣고 회장님은 어떠셨을까요? 조금씩 미소가 번지고, 표정이 온화해지시더니 말투도 침착해지셨습니다. 이 정도의 인정을 그 어디에서도 받아 보지 못하셨다고 하더라고요. 무슨 일이 일어난 걸까요? 회장님 자신의 주장과 노력들에 대해 더 이상은 강한 어조로 제게 표현할 필요가 없게 된 거죠. 그 이후 저와의 코칭에서 회장님은 단 한 번도 대형마트에 대해 욕하지 않으셨습니다.

두 번째로 기억해야 할 것은, 컴플레인이라고 해서 무조건 부정적이라 여기지 않는 겁니다. 팀원이 사내 제도나 정책들에 대해 팀장에게 강하게 컴플레인을 할 때가 있죠. 이때 팀원의 좋지 않은 표정과 격앙된 목소리를 보게 되는 경우도 있고요. 이런 분위기를 선호하는 팀장님은 아무도 없습니다. 하지만 부정적인 발언이라며 무조건 비판하진 마세요. 팀원의 컴플레인을 다른 관점에서 보면 그 안에는 자신의 업무에 대한 애정과 열정, 책임감이 숨어 있을 가능성이 큽니다. 예를 들어, 한 팀원이 회사의 정책 중 하나가 잘못되었다며 팀장님께 강하게 주장하는 상황에서, 제가 본 대부분의 팀장들은 "알겠습니다, 제가 유관 부서에 해당 내용을 전달해 볼게요" 정도로 대응하곤 합니다. 하지만 제대로 구성원을 인정하는 방법을 아는 팀장님은 이 상황을 역으로 활용하여 대화의 분위기를 완전히 전환합니다. 더불어 컴플레인을 가져온 팀원에게 강력한 동력을 제공하기도 하고요. "이렇게 컴플레인과 제안을 할 정도로 네가 네 업무에 애정과 열정이 크구나, 높은 책임감이 느껴진다" 이렇게 인정받으면 팀원의 마음과 생각이 어떻게 달라질까요? 팀원은 자신이 가져온 컴플레인 내용이 수용되고 안 되고의 차원에서 떠나 자신을 인정해 주는 팀장에게 태도를 달리하게 됩니다. 목소리 톤이 달라지거나 강하게 말하던 어조가 침착해지기도 합니다. 강하게 주장을 펼쳐야겠다는 의지가 사라지기도 하죠. 대부분 팀장님들께서는 팀원이 가져온 컴플레인의 내용에 집중합니다. 내용을 내용으로 맞서서는 안 됩니다. 평행선을 달리게 될 뿐이지요. 이렇게 컴플레인을 할 정도로 회사에 애정이 있고 열정이 있는 팀원의 단면을 팀장님이 극대화하는 순간, 팀원은 더 이상 자기주장을 펼치지 않아도 팀장으로부터 인정받았다고 인식하게 됩니다. 인정받는 순간 팀장님을 대하는 태도는 바뀌게 될 겁니다.

세 번째로, 팀원이 지금 상황에서 사용하는 표현들을 대화에 반영해 보세요. 팀원이 쓰는 용어들을 주의 깊게 살펴보세요. 자기주장이 강한 팀원들은 본인이 듣고 싶어 하는 인정의 말을 스스로 하고 있을 가능성이 큽니다. 그들이 하고 있는 말을 그대로 대화 속에 반영하여 팀원을 인정하는 표현을 해 주세요. 억지로 창의적인 표현을 할 필요는 없습니다. 그들의 말을 되돌려주기만 해도 충분히 효과적입니다. 예를 들어, "그런 일이 있었고, 그런 생각을 해 왔구나. 그래서 이렇게 강하게 주장하는 거였네, 어떻게 생각해?"라고 말해 보세요. 그저 팀원이 했던 말들의 핵심을 팀장님이 다시 그대로 대화에 반영하는 것입니다. 팀원의 말을 재탕하는 거죠. 이러면 자신의 말을 팀장님이 중요하게 수용하고 있음을 팀원도 깨닫게 됩니다. 팀원들은 자신의 메시지가 수용되고 있다는 느낌을 받을 때, 팀장님의 말도 더 유연하게 받아들이게 됩니다. 팀원의 언어를 대화에 반영하세요.

팀장님, 자기주장이 강한 팀원들은 의외로 내구성이 약하곤 합니다. 강한 표현에 비해 속이 비어 있어서 자신의 노력에 대한 보상과 인정을 내면에 채우고자 강하게 표현하곤 하죠. 모든 일에는 이유가 있습니다. 상대의 결핍을 바라보면 소통에 도움이 되실 겁니다. 팀원이 컴플레인 내용을 토대로 팀장님께 주장을 하더라도 팀장님께서는 내용보다 팀원이라는 존재를 바라봐 주세요. 내용에 내용으로 대응을 해 봤자, 팀원은 또 다른 컴플레인 내용을 찾아 들고 와서 강한 주장을 연속적으로 펼치게 될 겁니다. 내용은 도구일 뿐이에요. 팀원의 결핍을 인정으로 채워 주세요. 강한 주장을 펼치는 팀원을 보시면 팀장으로서 채워 줘야 할 무언가가 있겠구나 하고 생각하세요. 그리고 팀원의 언어들을 대화에 적극 반영하며 역량을 수용하고 과감하게 인정해 주시기 바랍니다.

팀장님들의 '1:1고민과외' 리얼 후기

"이번 교육 주제는 '성과는 잘 내지만 자기주장이 강한 구성원과 어떻게 소통을 해야 하는가'였습니다. 제가 이 구성원에게 엄청난 부담을 갖고 있다는 것을 먼저 생각해 볼 수 있도록 마음과 생각의 공간을 만들어 주신 박사님께 감사드립니다.

제가 이 말만 하면 주변에서는 그냥 '그 구성원은 내버려둬야 한다' 하며 저보고 내려놓으라는 말들만 하거든요. 일단 일은 잘하니까요. 근데 저는 이 구성원만 떠올리면 스트레스를 받았었어요. 이런 교육 아니면 또 언제 이 문제를 직면해 보겠어요. 제일 힘든 주제를 꺼낸 건데요, 박사님의 솔루션은 의외로 간단하더라고요. 자기주장이 강하다는 걸 에너지 레벨로 접근하신 것도 되게 신기했습니다.

 박사님은 아예 시선 자체가 '상대방 중심'으로 고정되어 있는 분이라는 생각도 들었어요. 컴플레인을 제기하는 사람은 문제가 있는 사람이 아니고 '열정'이 있는 사람이며, 그의 열정을 제가 표현하고 인정하기 시작하면 더 이상 컴플레인 없이 오히려 자신의 주장을 거두어들이는 경우도 많다는 이야기를 들었잖아요. 제가 직접 실행해 보았습니다. 교육 이후에 마침 또 그 구성원이 클레임을 걸더라고요. 그래서 배운 대로 했습니다.

클레임의 내용 말고, 클레임을 거는 구성원을 바라봤고, 이렇게까지 클레임을 걸 정도로 열정이 있는 그 사람을 인정해 주고요, 더불어 그가 보여줬던 추가적인 열정들에 대해 제가 먼저 언급을 했죠. 그랬더니 그 구성원의 표정이 바뀌고 말투도 온화해지고, 말수가 줄어들더라고요. 신기했습니다. 그저 클레임은 자신을 봐 달라는 인정의 표현이었던 것 같습니다. 원래 화 많은 사람들이 순진하고 마음도 약하다고들 하잖아요. 이 경험이 제게 정말 중요했다는 생각이 자주 들어요. 더 이상 말이 세고 주장이 강한 사람들을 두려워하지 않게 되었습니다.

'내용을 내용으로 맞서지 말라. 내용을 꺼내는 존재에 집중하자'는 말씀도 포스트잇에 적어서 자리 잘 보이는 곳에 붙여 놨습니다. 제겐 기적 같은 교육이었습니다. 지금도 여전히 업무에 충분히 적용이 되고 있습니다. 업무뿐만 아니라 제 인생에도 큰 도움이 되었고요."

성과는 우수하지만 잦은 컴플레인을 하는 팀원 때문에 트라우마를 겪었던 팀장님

구성원에게 가장 중요한 것을 놓고 대화를 나누세요.
진지하고 진솔하게! 신뢰가 열리는 지름길입니다.
상대방에게 정말 중요한 것을 다루면
신뢰와 관계는 자연스럽게 형성됩니다.

4장

팀 성과와 관리

4.1
최근 팀장 리더십 평가에서
팀원들로부터 받은 평가 결과에 실망 중입니다

평가받는 것을 좋아할 사람이 있을까요. 특별히 임원과 팀원, 양쪽의 평가를 받는 중간관리자 입장에서는 더더욱 평가를 마음 편하게 받아들이기가 쉽지 않습니다. 그동안 최선을 다해 노력을 기울여 왔지만 리더십 평가에서 기대했던 결과를 받지 못한다면 실망감도 클 것입니다. 내상을 입고 모든 관계를 끊고 싶어지기도 하죠. 특히 평가결과에 '소통' 관련 부분에 대한 의견들이 많이 보였다면, 팀원들에게 야속한 마음이 생기기도 합니다. 이번 글에서는 이미 부정적 평가를 한 팀원들과 앞으로 어떻게 소통하며 팀 분위기를 전환해 나가야 할지에 대해 이야기해 보겠습니다.

팀장 고민, 열한 번째

"최근 3번의 리더십 평가에서 기대했던 만큼 좋은 결과를 받지 못했습니다. 사실 많이 실망이 되더라고요. 첫 평가는 그렇다 치더라도, 세 번째인 마지막 평가마저도 이렇게 안 좋을 수가 있을까 싶어요. 특히, 팀원들의 평가 항목들 중 '소통' 부분에서 제가 부족하다는 의견이 다수 있었습니다. 사실 3번의 평가가 이루어지는 동안 점수 좀 올려 보려고 소통할 때 더 신경을 써 오고 있었습니다. 소통 관련 외부교육도 받아 보고, 동료 팀장들로부터 조언도 받으면서 나아지려고 노력했어요. 하지만 제 스타일대로 소통하는 것이 아니라서 불편하고, 이 방식이 맞는 건지 확신이 들지 않습니다. 평가 결과가 나올 때 마다 실망스러워서 팀원들에게 배신감마저 들더군요. 나는 정말 팀원들을 위해 내가 가진 노하우와 지식을 전수한다고 생각하며 최선을 다했는데, '팀장이 너무 말이 많다', '불필요한 말을 많이 한다'는 평가를 받으니 속이 많이 상합니다. 다 때려치우고 싶어요."

11th 고민과외 💬

팀장님, 허망함과 실망감이 고스란히 전해집니다. 특히 매일 얼굴 보고 대화하는 팀원들로부터의 평가가 그렇다니, 그동안 얼마나 마음고생이 많으셨어요. 말씀을 들으면서 드는 생각인데, 평가결과를 개선하시기 위해 노력도 하셨지만 그 노력의 과정이 단순히 평가만을 위한 것이라기보다 팀원들을 위해 하신 최선의 노력들이었을 거라는 생각이 들어서 제 마음도 아려 옵니다. 실망감이 드는 것 당연합니다. 이렇게 제3자인 제가 들어도 속이 상하는데, 당사자인 팀장님의 마음은 상상이 안 갈 정도입니다. 어려운 이야기 꺼내어 주셔서 감사드려요. 함께 생각해 보면 좋을 몇 가지 제안을 드릴게요.

첫째, '종이컵'을 떠올려 보세요. 종이컵이 거꾸로 세워져 있는 상태에서 물을 붓는다면, 물이 컵 안으로 들어가지 않겠죠. 컵을 바로 세워야 물이 들어가게 됩니다. 팀원들이 팀장님의 말씀에 귀 기울이도록 컵을 바로 세우는 작업부터 진행되어야 합니다. 요즘 팀원들에게 중요한 것은 무엇일까요? 팀장님께서 강조하시는 팀 목표? 중요합니다만, 팀원들은 얼마나 중요하게 여기고 있을까요? 요즘 팀원들은 팀 전체의 목표보다 개인의 성장 목표에 더 관심을 가지는 경우가 많아요. 업무를 바라볼 때 자신이 업무를 통해 얼마나 성장할 수 있고 확실한 아웃풋을 낼 수 있느냐를 고려한다고 합니다. 지금부터는 이를 감안하여 팀장님께서 팀 전체의 목표와 팀원 개인의 성장을 함께 다뤄 나가야 할 필요가 있습니다. 둘을 잘 연결하는 것이 팀장님의 중요한 역할일 것입니다. 지나치게 팀 목표만을 강조하다보면 팀원들은 '그게 나와 무슨 상관 있나' 하는 생각을 하곤 합니다. 팀 목표 달성이 팀원 개인의 성장과 긴밀히 연결되어 있음을 1:1 대화를 하셔서 깨닫도록 도와줘야 합니다.

팀원들이 팀장님의 메시지들을 수용할 수 있도록 종이컵을 바로 세워야 합니다. 팀원들의 관점에서, 팀장님이 자신들의 성장에 도움이 되는 존재로 인식될 때, 마음의 '컵'이 바로 서게 됩니다. '팀장님이 나에게 어떤 존재다'라는 확신이 생겨야 종이컵이 바로 세워진다는 거죠. 컵이 바로 세워지게 되면 물을 마음껏 부으셔도 좋습니다. 팀장님께서 전수하고자 하는 지식, 지혜, 노하우라는 물을 부으시면 됩니다. 팀원들이 먼저 '우리 팀장님은 나의 성장에 관심이 많고 직접적으로 도움을 주는 분이다'라고 인식되도록 하는 것이 우선입니다.

둘째, 팀장님의 스타일대로 소통하고 있지 않아 불편하다고 하셨죠. 팀장님의 스타일을 완전히 바꿀 필요는 없어요. 팀장님의 노하우와 스킬은 회사의 귀중한 자산이고, 팀원들에게 전수되어야 할 소중하고 가치 있는 것입니다.

팀장님과 비슷한 문제로 고민했던 또 다른 팀장님의 사례를 살펴볼까요?

정 팀장은 직설적이고 솔직한 소통을 선호하는 팀장이었습니다. 그러나 최근 팀에 합류한 팀원들은 부드럽고 배려 있는 소통을 원했고, 정 팀장의 직설적인 피드백에 민감하게 반응했습니다. 이를 인지한 정 팀장은 피드백 방식을 바꿔, 조금 더 배려심 있게 소통하기로 했습니다. 하지만 그는 자신의 본래 스타일을 고수하지 못한다는 점에서 불편함을 느꼈어요. 소통에 시간이 더 할애되고, 자신의 의도가 제대로 전달되지 않을 것 같다는 걱정을 하기도 했죠. 비록 불편한 느낌이 지속되었지만, 정 팀장은 팀원들과의 신뢰감을 고려하며 소통을 통한 업무 향상을 위해 과감하게 불편함을 감수하며 변화를 받아들였습니다. 얼마 지나지 않아 팀원들의 반응이 긍정적으로 변하고 성과도 달라지는 것을 보며, 정 팀장은 변화되어 가는 조직문화에 자신의 스타일을 조금씩이라도 조정할 필요가 있다는 것을 깨닫게 되었습니다. 정 팀장의 사례처럼, 스타일을 조금씩 조정하며 팀원들과의 관계를 개선하는 것이 필요할 때가 있습니다.

다만, 팀장님의 귀한 노하우와 기술을 팀원들에게 전달하는 것이 소통의 목적인 경우에는, 가장 먼저 팀원의 '니즈'를 올리고, 그 다음에 팀장님의 지식을 전달하는 것이 효과적일 것입니다. 예를 들어, 팀 전체의 목표는 사전에 회의나 공지로 브리핑해 주시고 팀원과의 첫 면담에서는 팀원 개인에게 집중하도록 합니다. 팀장님께서 맹목적으로 팀원의 업무를 미리 정해 놓고 면담에 들어가기보다, 업무에 대한 팀원의 생각과 관점에 대한 대화를 나누며 팀원의 목표를 팀장과 팀원이 함께 정합니다. 이때 목표에는 반드시 팀원의 성장요소가 담길 수 있도록 합니다. 이 대화의 과정은 지시적이지 않고 팀원의 동의와 의지가 담기게 되어 팀원 입장에서는 팀장님이 자신의 성장을 도와주는 분으로 인식하게 됩니다. 팀장님이 팀원에게 어떤 존재인지 각인이 이루어지는 순간이죠. '너희를 위해서 내가 이런 노하우도 이야기해 주는 거다' 하며 아무리 말로 전달해 봐야 컵이 바로 세워지지 않은 상태였다면 물은 컵 밖으로 새고 있을 겁니다. 팀원에게 팀장님이 어떤 존재라고 확실히 인식되는 것만큼 컵을 세우는 좋은 방법은 없습니다. 이렇게 컵이 바로 세워진 후에 팀장님의 지식과 노하우를 부어 주시면 됩니다. 이렇게 하셔야 팀원들은 팀장님의 이야기에 귀 기울이게 될 겁니다. 팀장님의 지식과 경험이 얼마나 본인들에게 소중한 양질의 정보라는 것도 깊이 깨닫게 될 거구요. 팀장님과의 1:1 대화에 적극성을 띠게 되겠죠.

셋째, 팀장님의 노하우, 지식, 기술 모두 가치 있는 것입니다. 이 가치를 인정하고, 팀원들에게 전수하려는 마음은 너무나 중요해요. 스타일을 억지로 바꾸려 하면 스트레스가 쌓이고 오래 지속하기 어렵습니다. 팀장님께서 소통하시던 톤은 유지하시되 팀원들의 요구를 최대한 경청하시고 변화하시고자하는 노력을 보여 주세요. 팀원들의 말을 경청하는 것이 가장 중요합니다. 말씀하시고 싶은 내용이 머리에서 입을 통해 나가려 하는 순간에도 참고 인내하며 팀원의 이야기에 먼저 집중해 주세요. 팀원들은 변화된 결과보다 팀장님의 노력들을 더 높이 평가하게 될 겁니다. 반드시 기억해야 할 것은 종이컵 원리입니다. 팀원의 니즈를 먼저 올리고, 즉 종이컵을 바로 세우는 과정을 반드시 진행하시고 난 후 팀장님의 노하우를 부어 주세요. 팀장님은 무조건 팀 목표 달성에 자신들을 부품처럼 사용만 하는 분이 아니라, 진정 자신의 성장을 도와주시는 분이라는 존재로서 팀원들에게 인식이 될 때, 팀원들은 팀장님과의 소통을 더욱 소중하게 받아들일 것입니다.

팀장님, 이제는 팀 목표를 달성하기 위해 팀원 각자 최선을 다하라 강조하는 시대가 아닙니다. 대신, 팀 목표는 당신들의 성장과 긴밀히 연결되어 있으며 개인의 목표를 달성하며 성장하면 자연스럽게 팀 목표도 달성된다는 '연결'과 '성장'을 강조해야 합니다. 더불어 팀장님은 팀 목표를 맞추는 단순 관리자에서 벗어나, 팀원 개개인의 성장을 촉진하여 성과와 함께 팀의 성장을 견인하는 리더로서의 존재감을 확보하시는 것도 중요합니다. 팀원들은 관리를 당하기보다 리딩을 원합니다. 이제 다시 진정한 소통을 열어 보세요. 용기를 내세요, 팀장님!

4.2
실적 상위 팀의 팀장님,
高성과가 지속되도록 팀원들에게 힘을 주기 위한 방법 고민

실적이 높은 팀을 이끌고 있는 팀장으로서, 연속적으로 팀원들의 성과와 성취를 균일하게 관리해 나가는 것은 쉽지 않은 일입니다. 1등을 향해 도전하는 것과 1등의 자리를 빼앗기지 않기 위해 노력하는 것 중 무엇이 더 힘에 부칠까요. 매달 1등으로 실적 마감을 하는 우수한 팀이지만, 그 과정에서 팀원들이 지치고, 더 이상 전진할 힘이 없는 상태로 보일 때, 팀장은 어떻게 해야 할까요. 이번 글은 실적이 좋은 팀의 팀장님이 지쳐 가는 팀원들에게 어떻게 동기를 부여하고, 힘을 북돋울 수 있을지 고민하시는 내용입니다.

팀장 고민, 열두 번째

"저희 팀은 지금 정말 잘 달리고 있어요. 회사 내에서 탑이고, 팀원들도 모두 S등급을 받고 있죠. 사실 처음부터 잘했던 건 아니었어요. 제가 팀원들에게 왜 이 일이 중요한지, 잘해야 하는 이유들에 대해 꾸준히 정신교육을 해 왔고, 이제야 그 결과를 보고 있는 것 같습니다. 하지만 이제는 팀원들이 많이 지쳐 보입니다. 실적은 좋지만, 힘이 빠지고 지친 기색이 역력해요. 저 역시 고민입니다. 이렇게 1등을 향해 팀원들을 계속 푸시하는 것이 맞는지…. 더 이상은 안 될 것 같은데, 이제부터는 방향을 달리해서 힘을 줘야겠습니다. 팀원들에게 힘을 줄 수 있는 방법이 무엇일지 알고 싶습니다."

12th 고민과외 💬

팀장님, 지금까지 정말 훌륭하게 팀을 이끌어 오셨네요. 실적이 상위에 있다는 것은 그동안 팀장님의 리더십과 팀원들의 노력이 결실을 맺고 있다는 증거죠. 하지만 그 과정에서 팀원들이 지치고 있다는 점, 그것 또한 팀장님께서 잘 파악하고 계시는 것 같습니다. 이런 상황에서 적용해 볼 수 있는 핵심 실천 방안을 제안해 보겠습니다.

먼저, 팀원들에게 힘을 주는 방법을 찾기 위해 팀장님께서 구체적으로 원하는 모습을 떠올려 보는 것이 중요합니다. 팀장님께서 원하시는 모습은 아마 이런 것들이겠죠. 팀원들이 신나게, 그리고 열정적으로 일하는 모습, 세일즈 후 팀장님께 긍정적인 피드백을 주며 성과를 자랑하는 모습, 팀 단톡방에서 활기차고 에너지가 넘치는 대화가 오가는 모습 등 말이죠. 하지만 이러한 모습들은 단순히 캠페인이나 구호만으로는 이루어지기 어렵습니다. 지금부터 말씀드리는 감정의 양면에 대해 깊은 접근을 시도해 주세요.

팀원들이 항상 긍정적이긴 어렵습니다. 긍정적이기만 한 상태에서 일을 할 수도 없고요. 팀장님도 그러시잖아요. 누구나 긍정과 부정을 함께 가지고 일합니다. 저도 코칭을 할 때 모든 코칭이 즐겁고 성공적이기만 할까요. 언젠가 고객이 제게 "이렇게 매일 코칭을 하시면 많이 힘드시겠어요"라고 말씀을 하시더군요. 그 말씀이 틀린 것은 아닙니다. 한결같이 좋은 컨디션으로 20년 동안 코칭하는 일은 제게도 어려운 일입니다. 분명히 힘든 부분도 있지요. 하지만 저는 이렇게 말합니다. '고객님, 이렇게 하루라도 코칭 안 하면 제가 오히려 병이 나요' 코칭이 힘들지만 동시에 기쁘기도 한 것이죠. 사람은 누구나 긍정과 부정을 함께 갖고 있습니다. 다만 저는 긍정적인 표현을 하기로 선택했고, 긍정적인 관점으로 상황을 볼 수 있는 무게중심이 있을 뿐입니다.

팀장님, 팀원들도 마찬가지로 일을 하면서 긍정과 부정의 감정을 동시에 갖고 있을 것입니다. 리더일수록 바로 이 양면적인 감정을 깊이 이해하는 것이 리더십 발휘에 큰 도움이 됩니다. 월 실적 마감하며 실적이 좋아서 기쁘지만, 동시에 다음 달에 대한 걱정도 있는 것이죠. 팀원들이 두 가지 감정을 함께 느낄 때, 그 감정들을 수용해 주고 긍정적인 표현을 선택하도록 도와주는 것이 필요합니다.

표현을 조작하라는 의미는 아닙니다. 팀원들에게 억지로 긍정적인 표현을 하라고 유도하는 것이 아니라, 팀장님 스스로 주도성을 갖고 팀원들에 대한 깊은 이해와 그에 걸맞는 표현들을 해 주시길 바랍니다. 팀원들의 감정에 깊이 공감하면서 자연스럽게 긍정적인 표현을 주고받을 수 있도록 스몰토크를 하는 거죠. 예를 들어 이렇게 말해 보세요. '그렇게 일할 때 정말 신나 보이더라. 반면에 지치기도 했을 텐데, 그럼에도 불구하고 나에게 신났었고 보람 있었다고 말해 줘서 고맙다. 너의 그런 긍정적인 표현들이 우리 팀 분위기에 큰 도움이 되고 있어' 이렇게 말하면 팀원은 자신의 긍정과 부정, 양쪽에 대해 팀장님으로부터 깊이 이해받고 있다고 생각하게 됩니다. 그리고 긍정과 부정 둘 중 하나를 선택하여 대화를 이어 가고자 하는 의지가 커질 거예요. 비판하거나 평가하는 대화가 아닌 스몰토크이기에 팀원은 긍정을 선택할 가능성이 높습니다. 아마 긍정적인 표현을 계속하게 될 거예요. 가식 없이 말이죠. 팀장님께서 긍정적으로 말하라고 지시한 것이 아니고, 자발적으로 긍정에 관한 관점을 인식하고 충만한 대화를 나누게 되므로 향후 팀원은 팀장님과의 대부분의 대화에서 긍정적인 표현들을 하게 될 겁니다. 팀원 한두 명만이라도 이러한 관점으로 조직 내에서 소통하기 시작하면 자연스럽고 긍정적인 표현들이 조직 내부에 흐르게 될 겁니다.

4.3
저성과자
어떻게 관리해야 할까

팀장으로서 저성과자 관리는 어렵기도 하지만 필수적으로 신경 써야 하는 일입니다. 팀을 이끌면서 항상 절대적인 비율로 저성과자는 존재하기 마련입니다. 모든 팀원들이 좋은 성과를 내길 바라지만, 적당한 비율의 저성과자는 어느 조직이든 있습니다. 저성과자를 잘 이끌기 위해 리더는 나름의 노력을 합니다. 자신의 리더십 스타일이 문제인지 고민하기도 하고, 이들에게 더 강하게 다가가야 할지 아니면 지금의 방식을 유지해야 할지 헷갈릴 때가 많습니다. 이번 글에서는 저성과자와 어떻게 관계를 이어 가고, 어떻게 관리해야 할지에 대해 이야기해 보겠습니다.

팀장 고민, 열세 번째

"저는 차분하고 친절한 성격으로 팀을 이끌어 왔습니다. 팀원들과의 관계는 나쁘지 않고, 개인적으로는 모두와 잘 지내고 있습니다. 그런데 최근 팀의 실적이 기대에 미치지 못하면서 고민이 깊어졌습니다. 제가 강하게 추진력을 발휘하는 스타일이 아니어서, 팀원들에게 더 엄격한 목표를 요구하거나 강하게 드라이브를 걸지 못하고 있는 것 같습니다. 그래서 팀원들이 저를 쉽게 보고, 제 말을 가볍게 넘기고 있는 것은 아닌지 걱정돼요. 최근에는 팀원들이 제가 잔소리를 해도 '이번만 지나가자'라는 식으로 생각하는 것 같다는 느낌이 듭니다. 이렇게 해서 어떻게 팀원들을 더 적극적으로 움직이게 할 수 있을지, 그리고 제 리더십 스타일을 어떻게 조정해야 할지 고민 중입니다."

13th 고민과외

팀장님, 지금까지 팀원들과 좋은 관계를 유지하며 팀을 잘 이끌어 오셨네요. 차분하고 친절한 성향이 팀에 좋은 영향이 되어 온 것 같습니다. 물론 현재 실적이 기대에 미치지 못하는 상황이라 고민이 깊어지는 것도 이상한 일은 아닙니다. 이제 이 고민을 어떻게 해결하면 좋을지 몇 가지 드는 생각을 말씀드려 볼게요.

먼저, 팩트(Fact: 사실)와 해석을 구분하는 것이 중요합니다. 앞서 계속 강조하고 있는 원리이죠? 지금 상황에서 팩트는 무엇일까요? 팀원들이 팀장님의 리더십에 잘 따라오지 않고 있다는 것, 팔로우가 부족하다는 것이 팩트입니다. 하지만 '팀원들이 나를 쉽게 보고 있다'라는 생각은 해석일 가능성이 큽니다. 중요한 것은 이런 생각 때문에 팀장님이 저성과자들에게 많은 에너지를 소모하고 있다는 점입니다. 팀장님은 전체 팀을 리딩하고 매니지먼트 해야 하는 분입니다. 특정 몇 명의 문제 팀원에게 에너지가 쏠리면 밸런스가 깨지기 쉽습니다.

자! 이제 저성과자들의 유형을 구분해서 어떻게 접근하면 좋을지 구체적으로 살펴보겠습니다. 팀장님께서 언급하신 저성과자의 유형은 크게 세 가지로 구분해 볼 수 있습니다.

A 팀원: 노력은 하고 있지만 성과가 나오지 않습니다. 솔루션을 제공해도 결과가 나타나지 않으며, 근속이 오래되었고 습관을 버리지 못하는 것 같습니다. 노력은 하지만 성과가 없다는 점에서 안타깝죠.

B 팀원: 변명만 늘어놓는 편입니다. 업무에 대한 책임감을 피하려는 태도가 보입니다.

C 팀원: 리더가 독려하면 그때 일을 하긴 하지만, 푸쉬하지 않으면 스스로 일을 진행하지 않습니다. 리더가 계속 신경 써야 하기 때문에 진이 빠지는 느낌이 듭니다.

팀장님, 지금 상황에서는 팀장님께서 역발상의 관점을 갖추는 것이 어떨까 합니다. 3명의 팀원을 리딩하는 방향도 중요하지만 그보다 더 중요한 것은 팀장님께서 이들을 바라보는 관점을 바꾸는 것입니다. 지금부터는 '어떻게든 내가 이들을 푸시 해서 성과를 올려야 한다'라는 생각보다, 오히려 '이들이 리더인 나를 성장시키고 있다'라는 관점으로 팀을 바라보는 것입니다. 리더로서 반드시 갖추어야 할 부분들을 이 3명이 채워 주고 있다고 관점을 달리해 보세요. 오히려 이들을 통해 팀장님께서 배우고 있는 것들이 분명 있을 것입니다.

저성과자들이 나를 성장시킨다니 무슨 이야기일까요? 예를 한번 들어 보겠습니다.

A 팀원은 근속이 오래되어서 사람 대하는 법에 능통합니다. 신입 팀원들을 거의 도맡아 잘 챙기고 있습니다. 가르치는 능력이 출중하다고 하셨잖아요. 비록 성과는 부족하지만, 팀원들을 배려하고 지원하는 좋은 태도는 이 팀원을 따라올 자가 없습니다.

B 팀원은 핵심 업무 외적으로 많은 부분에서 팀을 돕고 있습니다. 팩스를 관리하거나 상담 이력을 누락 없이 정리합니다. 비록 변명이 많고 책임 회피도 있지만 팀을 위해 다방면에서 헌신하고 있습니다.

C 팀원은 재택근무 중입니다. 재택근무 하며 성과를 올리는 것이 더 어렵다고 팀장님께서 말씀하셨죠? 그럼에도 이 팀원은 신경 써서 푸시하면 결과를 만들어 냅니다. 그 과정에서 팀장님의 독려가 필요하지만, 이는 결국 팀장님을 고민하게 하고 노력하게 하는 요소가 되기도 합니다. 팀장님의 리더로서의 잠재력을 끌어 올리는 중요한 포인트들이 되어 주고 있어요.

이제 감이 오시나요? 그렇습니다, 저성과자들을 바라보실 때, 단순히 성과로만 볼 것이 아니라, 동료라는 존재 그 자체로 그들을 바라봐야 합니다. 어느 조직이든 적정 비율의 저성과자는 있기 마련입니다. 팀장님은 이들에게 최선을 다하시되, 팀장님의 능력으로 이들을 완전히 변화시킬 수 있을 것이라고 기대하지는 말아 주세요. 생각해 보세요. 회사에서 일 잘하는 사람들은 스스로 동기부여를 잘합니다. 스스로 의지를 불태워서 결과를 냅니다. 일이란 결국 자기 자신이 해야 하는 겁니다. 아무리 좋은 조언을 받고 도움을 받아도 결국 스스로 의지를 갖고 동력을 돌려야 해낼 수 있습니다. 팀장님, 저성과자 세 분께 팀장님께서 하실 수 있는 최선을 다하시되, 팀장으로서의 역할은 다하시고 결과는 세 분에게 맡기시는 게 좋겠습니다. 팀장님의 몫은 거기까지입니다. 저성과자 세 명이 도출하는 성과까지를 팀장님의 몫으로 연장하시게 되면 진이 빠지실 거예요. 좀처럼 변화되지 않는 3명의 저성과자들로 인해 번아웃이 찾아올 수도 있습니다. 최선을 다하시고 결과는 맡기셔야 합니다.

두 번째로, 팀장님이 해야 할 일은 역량 중심의 인정입니다. 최선을 다하시고 결과를 맡기는 것이 포기하라는 뜻이 아닙니다. 팀장님께서 최선을 기울이셔야 하는 것은 그들을 진심으로 인정해 주는 것입니다. 이는 단순한 칭찬과는 다릅니다. 팀원들의 역량을 인정하고, 그 부분이 조직에 기여하고 있음을 명확히 표현해야 합니다. 저성과자 팀원들도 기준보다 낮긴 하지만 분명 이미 갖춰진 역량이 있을 것입니다. 팀장님께서 생각하시는 기준치에 많이 미달될지 모르지만 적은 역량이더라도 역량은 역량입니다. 단 1% 역량이라 할지라도 인정을 표현해 주세요. 말씀하셨던 A 팀원의 경우 가르치는 역량과 배려심을, B 팀원에게는 다양한 헌신을, C 팀원에게는 팀장인 나를 성장시키는 동력이 되어 주고 있음을 표현해 주세요. 사소한 부분이더라도 인정을 하면, 팀장님으로부터 인정을 받고 난 그 시점부터 저성과자들에게는 그 역량을 제대로 시도하게 될 새로운 가능성이 열리기 시작합니다. 팀장님께서 하시기 나름입니다. 인정이 팀원들을 움직입니다. 그러나 약간의 역량일 뿐이라 언급하지 않으시고 그냥 지나치면 그들에게는 역량을 펼칠 기회조차 주어지지 않을 것입니다. 팀원에게 기회를 제공할지 말지를 결정하실 수 있을 만큼 팀장님은 영향력을 갖고 계시다는 걸 잊지 마세요.

마지막으로, 팀장님께서 저성과자의 역량을 인정하시고 표현하셨는데, 그들도 반응을 하며 의욕이 생기는 것 같다면 해당 역량을 기준으로 저성과자들이 담당하고 있는 업무들을 매칭하여 연결해 주세요. 현재 우리 팀이 이 정도 성과를 내고 있는데, A 팀원의 역량들이 발휘된다면 팀이 어떻게 달라질 수 있을지, 그리고 그 성과가 커리어에 어떤 영향을 줄 수 있을지 구체적으로 이야기해 보세요. 이는 저성과자 팀원들에게 동기부여가 될 뿐만 아니라, 그들의 역할이 팀 전체에 어떤 영향을 미치는지 깨닫게 도와줄 것입니다.

4.4
팀원들에게 제가 너무 편하기만 한 팀장이라서 성과가 안 나오는 것 같습니다

모든 팀원이 최선을 다해 자신의 역할을 해 주기를 바라는 마음은 당연합니다. 그러나 때로는 팀원들이 기대만큼의 성과를 내지 못할 때 고민이 깊어집니다. 특히 내가 너무 편안한 스타일의 팀장이라서 팀원들이 스스로 성과를 내지 못하고 있다고 생각되면, 그 책임감이 팀장 자신에게 무겁게 다가오기도 합니다. 이번 글에서는 이러한 상황에서 팀장으로서 어떤 방향으로 접근해야 할지, 그리고 어떻게 팀원들의 성장을 돕고 성과를 끌어낼 수 있을지에 대해 이야기해 보겠습니다.

팀장 고민, 열네 번째

"제가 너무 편한 엄마 같은 팀장이라서 성과가 안 나오는 것 같아요. 제 팀에는 출퇴근만 잘할 뿐 나머지는 모두 부진한 팀원이 있습니다. 실적이 안 나오는 거죠. 영업, 마케팅, 매장 판매 지원, 딜러 네트워크 관리까지 모든 영역에서 하위입니다. 사실 이렇게 모든 영역에서 모조리 다 부족할 수는 없는 건데 말이죠. 대부분의 경우 어떤 것은 잘하고, 다른 것은 부족할 수 있잖아요. 그런데 이 팀원은 모든 것이 다 안 되고 있습니다. 최근에 신입을 뽑았는데, 가끔은 그 신입 팀원보다도 실적이 낮을 때가 있어요."

"이유를 물어보면 항상 변명을 합니다. '다른 팀의 지원이 부족해서 못 했다', '매장 판매 직원이 비협조적이었다', '팀장님이 너무 실시간으로 상황을 체크하니까 심리적으로 쫓겨서 만족도에 집중할 수 없다'라고요. 저는 이 팀원이 하위권만 면했으면 좋겠습니다. 제가 팀장 되기 전에 이 팀원은 다른 팀장과 함께 있을 때는 그래도 실적을 내는 편이었다고 해요. 그때 팀장은 '좀 쪼고 푸쉬 했더니 실적이 올랐다'라고 하더라고요. 그래서 제가 너무 쪼지 않아서 그런 건가 싶습니다. 제가 너무 편해서 그런 걸까요? 적어도 이 팀원이 나를 만나서도 '이 정도는 한다'라는 소리를 듣고 싶어요. 큰 걸 바라지도 않아요. 이 팀원이 이렇게 저조한 이유는 업무 지식이 부족하고, 여러 일을 동시에 챙기지 못하기 때문인 것 같아요. 멀티태스킹이 안 되는 거죠."

14th 고민과외 💬

팀장님, 해당 팀원 일로 고민이 많으시지요. 하지만 단순히 고민만 하신 건 아니고 팀원을 돕기 위해 팀원의 업무패턴과 역량을 철저히 분석해 오신 노력도 엿볼 수 있네요. 팀장님께서 팀원들에게 너무 편안한 분위기를 주고 있는 게 아닐까 하는 걱정, 그리고 그로 인해 성과가 나오지 않는 것 같다는 생각이 드시는 것도 충분히 이해합니다. 이런 상황에서는 두 가지 중요한 성찰이 필요합니다.

첫째, 이 팀원에게는 스스로 해낼 힘과 역량이 부족합니다. 멀티태스킹이 잘되지 않는 성향도 분명히 존재합니다. 아마도 그동안 전임 팀장님은 이 팀원의 실적을 위해 강하게 푸시하며, 일종의 '쥐어짜기' 전략으로 성과를 내왔던 것 같습니다. 하지만 이는 근육도 없는 사람이 역기를 드는 것과 같습니다. 달리기를 잘하려면 달리기 지식도 필요하고, 추월당할 때 어떻게 대응해야 하는지에 대한 경험도 필요하며, 근본적으로 근력을 키우는 노력도 필요합니다. 하지만 이 팀원은 그동안 그런 지식을 쌓기보다는 진을 빼며 일해 왔던 것 같아요.

팀장님은 이제 선택하셔야 합니다. 이 팀원이 해 오던 대로 진을 빼며 실적을 내게 할 것인지, 아니면 근력과 경험을 쌓아 가면서 성장하게 할 것인지요. 진을 빼며 실적을 내게끔 하는 방법이 적합할까요? 그렇게 하시면 팀장님부터 진이 빠지지 않을까 염려가 됩니다. 온화한 성향의 팀장님께서 팀원의 진을 빼는 과정을 잘 견뎌 내실 수 있을지 모르겠어요. 맞지 않는 옷을 입으신 것 같지 않을까요? 이 일이 그러한 선택으로 팀장님께 또 다른 스트레스가 되지 않길 바랍니다. 반대의 경우를 선택하신다면 팀장님의 역할은 단순히 '푸시하는 사람'이 아니라, 팀원이 성장할 수 있는 방향으로 지원하는 사람이 되어야 합니다.

둘째, 팀장님의 에너지가 특정 팀원에게 지나치게 많이 소모되고 있다는 생각이 듭니다. 팀장님은 전체 팀을 리딩하고 매니지먼트 해야 하는 중요한 역할을 맡고 계십니다. 특정 팀원에게 에너지를 너무 많이 소모하면, 결국 팀장님의 밸런스가 깨지기 쉽습니다. 밸런스가 깨지는 스트레스의 원인은 팀장님이 에너지를 쏟은 만큼의 결과가 나오지 않기 때문일 거구요. 우리는 누구나 노력만큼의 결과를 기대합니다. 기대에 미치지 못하면 실망하게 되죠. 사람에 대한 기대는 실망을 부릅니다. 그러니 섣불리 사람에게 기대하지 않는 것이 좋습니다.

팀에서도 일을 잘하는 팀원들은 팀장님이 그리 신경 쓰지 않아도 알아서 잘합니다. 원인이 무엇일까요? 간단합니다. 팀원 본인이 하려고 하니까 잘하는 것이죠. 못하는 사람들은 하려고 하지 않아서 성과가 나오지 않는 겁니다. 이것이 팀장님의 책임인가요? 결과는 본인이 만들어야 하는 것입니다. 잘하는 사람들은 팀장님 때문에 잘한 것이 아니라, 팀원 본인이 잘한 것입니다. 맞나요? 그런데 왜 못하는 팀원은 팀장님 때문이라고 생각하시나요? 팀장님이 해야 할 일을 최선을 다하셨다면, 결과는 그들의 몫입니다.

팀장님께서 팀장으로서 이 팀원에게 제공하실 최선만 고려하세요. 팀원을 리딩할 팀장님의 과정과 행동의 목표만 정하도록 해 주세요. 코끼리에게 물을 먹이기 위해서 물가로 데리고 가야 합니다. 물을 마시는 것은 코끼리입니다. 팀장님의 역할은 물가에 데려가는 것까지입니다. 그 선을 넘는 것은 팀장님의 책임이 아닙니다. 다시 말씀드려요. 성과가 잘 나오면, 팀장님이 잘했기 때문에 팀원이 잘하는 것이 아니라, 팀원이 잘한 겁니다. 그러니 팀장님 스스로 선을 정하고 과정과 행동의 목표만을 정하고 거기에 충실하기 바랍니다.

즉, 팀장은 팀장 자신과 팀원에 대한 목표를 분명히 해야 합니다. 이 팀원이 모든 일을 잘하기를 기대하는 것은 현실적이지 않을 수 있습니다. 예를 들어, 남편이 돈도 잘 벌고, 부모님께도 잘하고, 아이들도 잘 돌보고, 대인관계도 좋고, 승진도 하고, 아는 것도 많기를 바란다면, 이게 과연 현실적인 것일까요? 남편이 아이에게 시간을 많이 투자한다면, 그 시간에 할 수 있는 것은 제한됩니다. 상식입니다. 팀원이 모든 일을 잘하길 기대하지 말아야 합니다.

결국, 이 문제는 팀장님이 너무 편한 엄마 같은 팀장인 것이 궁극적인 원인은 아닌 겁니다. 이 팀원이 변화하지 않아서 그 이유를 찾는 과정에서 나온 생각일 뿐인 거죠. 편한 팀장이 문제의 본질은 아닙니다. 저는 오히려 팀장님의 편안한 성향이 누군가는 닮고 싶어 하는 강점일 수 있다고 생각도 합니다. 팀원이 성과를 내지 못하는 것에 불가피한 책임을 지지 마세요. 팀장으로서 과정과 행동의 목표를 분명히 설정하고, 이를 실행하세요. 그 이후의 결과는 팀원의 몫입니다.

마지막으로, 이 팀원의 문제에 대해 새로운 각도에서 살펴볼게요. 본질적인 원인이 다름 아닌 업무를 대하는 팀원의 습관과 감정 때문일 수도 있습니다. 팀장님께서 최선을 다해 팀원을 돕고 지원하는 과정과 행동의 목표를 성실히 했음에도 불구하고 팀원이 변화가 없다면, 팀원의 업무 과정을 면밀히 검토할 필요가 있습니다. 대부분 이런 경우에는 팀원도 무엇을 해야 할지 알고 있지만, 팀원 개인적인 습관과 감정 때문에 실행으로 연결되지 않는 경우가 많습니다. 업무는 공적이지 않습니다. 업무는 다분히 개인적인 영역입니다. 팀원이 본인의 업무를 대하는 습관과 감정에 대한 질문을 통해 깊이 있는 접근을 시도할 수 있습니다.

팀원에게 일할 때 드는 생각, 감정, 느낌 등을 물어보세요. 이런 질문을 통해 팀원의 내면을 이해하고, 습관과 감정을 개선하는 데 도움을 줄 수 있습니다. 팀원 스스로 자신의 습관과 업무를 대하는 감정이 어떤지 확실히 알아차리게 되면, 그 순간부터 변화의 가능성을 열고 팀장님께서 밀착해 주세요. 잔소리처럼 들리는 단순한 지시가 아니라, 팀원의 내면에 대한 깊이 있는 터치가 필요합니다. 진짜 변화는 팀원 스스로 만들어 나가는 것이며, 이를 위해 습관과 감정에 집중해야 합니다. 팀장님께서 이 부분을 계속 체크하고, 동력을 부여하는 역할을 하시면 됩니다.

4.5

팀원의 실행력을 높이는 방법

팀원들에게 필요한 정보를 제공하고 피드백을 하는 것은 팀장의 중요한 역할입니다. 그러나 이 소중한 정보와 피드백이 팀원의 행동으로 이어지지 않으면, 팀의 성과로 연결되기 어렵습니다. 결국 팀의 성과 대부분은 팀원들의 실행에서 비롯됩니다. 팀원들의 실행력을 높이기 위해 정보 전달에서 그치지 않고, 실제 행동으로 이어질 수 있도록 하는 방법에 대해 함께 알아보겠습니다.

팀장 고민, 열다섯 번째

"저는 팀원들에게 정보를 전달하고 피드백을 주는 데에 있어 어느 정도 자신이 있습니다. 하지만 문제는 팀원들이 그 이후에 그 정보를 실행으로 옮기지 않는다는 점이에요. 정보를 주는 것만으로 충분하다고 생각했지만, 결과적으로 실행력이 부족한 팀원들을 보면서 고민이 생겼습니다. 어떻게 해야 정보 전달에서 멈추지 않고 팀원들을 실행하게 할 수 있을까요?"

15th 고민과외

팀장님, 팀 운영의 핵심을 짚어 주셨네요. 고민의 맥락에 동의합니다. 팀 성장의 파워는 팀원들의 실행력에서 비롯됩니다. 하지만 이게 여간 어려운 일이 아닙니다. 팀장님께서 면담을 통해 팀원에게 양질의 정보와 피드백을 하셨는데, 정작 팀원이 실행하지 않으면 면담이 무슨 소용이 있을까요. 몇 가지 중요한 포인트를 짚어 보도록 하겠습니다.

첫째, 한 번에 전달하시는 정보가 너무 많으면 안 됩니다. 양적으로 적절해야 합니다. 팀원에게 정보를 전달할 때 핵심은 너무 많은 정보를 한 번에 주지 않는 것입니다. 한 자리에서 세 가지 이상의 정보를 전달하지 않도록 주의해 주세요. 세 가지가 넘어가면 팀원들의 집중도가 떨어지기 쉽습니다. 핵심을 이야기하기 전에 상대 팀원이 중요하게 생각하는 니즈를 파악하고, 그에 맞춰서 최대 세 가지 정보를 전달하는 것이 좋습니다. 첫째, 둘째, 셋째 혹은 하나, 둘, 셋의 형태로요. 이렇게 하면 팀원들이 기억하기도 쉽고 좀 더 명확히 받아들이게 됩니다. 핵심내용 위주로 세 가지를 넘지 않는 정보이기에 팀원들이 기억하고 실행에 옮길 수 있는 가능성이 높아집니다.

둘째, 정보 전달 이후의 역할을 명확히 정하세요. 정보 전달과 피드백만으로 팀원의 실행력을 기대하기는 어렵습니다. 팀원들은 모두 성인입니다. 아무리 좋은 말을 들었더라도 선택의 자유의지가 있습니다. 실적 일등을 하면 좋다는 것을 누구나 알지만 일등을 선택하지 않을 자유가 있습니다. 팀장님과 면담을 마치고 팀원들이 자신의 자리로 돌아가

앉는 순간, 자신이 가진 습관과 감정의 영향을 받습니다. 업무에 대한 습관과 감정은 직접적으로 실행력에 영향을 주게 됩니다. 팀원 대부분은 하면 좋을 일을 자꾸 미루고, 해야 할 것임을 알면서도 즉시 실행하지 않는 경우들도 있습니다. 팀원 자신도 모르는 사이에 몸에 배어 버린 습관, 업무에 대한 부정적 감정들이 그 원인이 되곤 합니다. 그려지시나요? 그러니 팀장님의 역할을 스스로 분명히 하는 것이 필요합니다. 면담해서 정보 전달을 하는 것까지가 팀장님의 역할이라 정하실 건지, 면담 이후 팀원의 습관과 감정을 고려하며 실행을 촉진하는 것까지 관여할 것인지 결정하셔야 합니다.

만약 실행까지 연결하고 싶으시다면, 이후 대화를 통해 팀원의 습관과 감정에 대해 다루어야 합니다. 정보 전달과 피드백이 팀원에게 유익한 경험이 되었다면, 이를 통해 어느 정도는 팀원과의 관계가 형성되었을 것입니다. 관계를 기반으로 팀원의 실행을 돕는 접근을 시도해 보세요.

셋째, 정보 전달 후에는 이메일이나 사내 메신저를 통해 팀원과 나눈 피드백과 정보들에 관해 간략하게 요약한 내용을 전달하고 회신을 요청해 보세요. 이렇게 팀원에게 회신을 요청하면, 그가 이 정보를 얼마나 중요하게 여기고, 현재 어떻게 생각하고 있는지, 그리고 팀장님과의 관계가 얼마나 잘 형성되어 가고 있는지를 확인할 수 있습니다. 회신의 내용과 강도가 긍정적이라면, 그때 팀원의 실행력을 높이기 위해 본격적으로 '습관과 감정'에 대한 코칭을 진행해 보세요.

습관 형성을 돕기 위해 팀원에게 '내가 어떻게 도와줄까?', '이후에 어떻게 체크해 줄까?'와 같은 질문을 하며 적극적으로 소통하는 것이 좋습니다. 팀원이 습관을 형성할 수 있도록 지원해 주세요.

또한, 팀원의 감정을 긍정적으로 변화시키기 위해 팀원에게 좋은 경험을 제공하는 것도 중요합니다. 팀원이 다루는 아이템이나 콘텐츠에 대해 긍정적인 경험을 할 수 있도록 다른 동료들의 좋은 사례를 공유하거나, 협업을 통해 긍정적인 결과를 느끼게 해 주세요. 이렇게 팀원의 감정과 습관을 긍정적으로 만들어 갈 때, 실행력이 점점 향상될 것입니다.

팀장님들의 '1:1고민과외' 리얼 후기

"저성과자(하위 팀원)관리가 어려웠어요. 김지엘 박사님께 이 이야기를 꺼냈던 시점이 제 리더로서의 인생 가운데 가장 최악이었던 시간이었고요. 박사님과의 만남이 없었다면, 저 아마 제대로 숨도 못 쉬었을 것 같아요. 실제로 과호흡에 호흡곤란으로 탕비실에서 쓰러진 적도 있었습니다. 심각했죠. 지금은 약도 끊고 정상적으로 지냅니다.

저희 팀에 저성과자 세 명이 있는데, 그중 한명이 제 영혼을 갉아먹는 존재였죠. 제 앞에서 열심히 하겠다고 해 놓고 뒤돌아서서는 저를 비방하고, 없는 소문 만들어서 팀워크를 깨고, 팀원 간에 오해하게 만들어서 업무에 집중할 수 없게 하고, 초반에는 팀 분위기가 완전 말도 아니었습니다.

저는 이런 일들이 팀 밖으로 전달되는 걸 극도로 조심했고요, 제 리더십에 오물이 씌워지는 거니 어느 누구에게도 말하지 못했고요. 그 팀원은 이런 제 생각을 정확히 파악했는지 더 난리였죠.

그렇게 힘들던 순간에 박사님이 길을 열어 주신 겁니다. '두 가지 채널', 일명 '투 트랙'을 제게 말씀해 주셨고, 그것도 조심스럽게 '제안드린다'라고 말씀해 주셨죠. 제 마음 상하지 않도록 조심해 주시는 것도 느꼈어요. 근데 그건 제안이 아니라 제 입장에서는 너무나 절박한 솔루션이었고, 무조

건 그 방법을 따라가야 했습니다. 투 트랙! 'I. 선긋기'를 통해 리더로서 제가 해야 할 일까지만 선을 긋고 이후는 모조리 상황에 맡긴다. 이후 벌어지는 상황은 내 탓이 아니다. 내 능력 밖의 일을 놓고 스스로 리더로서의 자격이 없다고 상실감에 빠지지 않는다. 저성과자를 변화시키지 못하는 것은 리더로서의 내 능력과는 무관한 일이다. 할 일을 하자. 선을 긋고 리더로서의 최선을 다하자. 그 이후의 상황은 내 것이 아니다. 'II. 문제 확장하기'는 사실 큰마음 먹어야 했던 나름의 도전이었지만 결국 해냈습니다.

본부장님과 동료 팀장들에게 이 문제를 공유하고 지지를 얻어 냈습니다. 저는 사내 정치에 단 일도 관심이 없는 사람이지만, 이 일은 많은 동료 팀장들의 지지와 지원을 얻을 수 있었습니다. 생각보다 저를 응원해 주는 분들이 많다는 걸 새삼 느꼈고요. 본부장님께 주기적으로 자주 일의 추이를 보고드리며 상황으로부터 자유로워질 수 있었습니다.

이것이 모두 박사님으로부터 들은 조언 덕분입니다. '문제를 막을 수는 없다. 문제는 다루어질 뿐이다' 그리고 '리더는 문제를 피하는 사람이 아니라, 문제 속에서 일하는 사람!', 이렇게 말씀해 주셨죠! '팀장님! 팀장님께서 지금부터 이 문제를 다루는 모든 과정이 우리 팀원들과 회사 전체에 모니터링되고 있다고 여겨 주세요. 조직 전체가 팀장님으로 인해 학습이 이루

어지게 될 겁니다. 지금부터가 더 중요합니다. 팀장님의 진실하고 솔직한 표현력이 이제는 발휘되어야 합니다. 지금은 저성과자를 변화시키는 것이 아니라, 해당 저성과자 이슈를 본부 단위로 확장하고 해결해 나아가는 팀장으로서의 면모가 드러날 수 있는 최고의 기회입니다. 이 상황이 마무리 되면 오히려 저성과자분께 감사해야 할 수도 있겠네요!'

저는 완전히 달라졌습니다. 상황은 역전되었고요. 박사님 덕분입니다. 저희 회사랑 교육 계약이 다 끝난 걸로 아는데, 이 일에 관심 갖고 별도로 메일도 주시고 통화도 해 주시며 관심과 애정 주셔서 감사드립니다. 더 강직한 리더로 거듭나겠습니다."

🙎‍♂️: 저성과자 이슈로 무너지는 리더십에 대한 고민을 하면서 팀워크를 새롭게 빌드 업 하고자 했던 팀장님

일이란 힘든데 보람 있고, 기쁘지만 걱정도 있는 것입니다. 구성원들이 자신의 업무를 대하는 긍정과 부정의 양면을 바라봐 주세요. 그리고 종종 그들의 양면적 감정을 직면해 보세요.

"그렇게 일할 때 신나 보인다! 반면 지치기도 할 텐데, 나한테 신났고 보람 있었다고 말해 주어 고맙다. 너의 그런 긍정적 표현들이 우리 팀 분위기에 정말 도움이 되고 있어. 고마워!"

5장

개인의 성장과 자기관리

5.1
회사생활 20년 된 워킹 맘 팀장인데 몸이 여기저기 아프네요, 근데 일을 줄이긴 어려울 것 같아요

회사 내에 워킹 맘이 흔하니까 쉬울 거라 생각한다면 오산입니다. 특히, 회사에서 중요한 프로젝트를 맡고, 집에서는 어린 자녀를 돌봐야 할 경우, 마음과 몸에 쌓이는 피로는 상상 이상일 것입니다. 10년 이상 조직의 리더로 지내며, 동시에 가정에서는 엄마, 아내로서의 정체성으로 살아가는 것은 결코 쉬운 일이 아닙니다. 이러한 삶을 선택하고 유지하시는 것도 쉽지 않았을 테고요. 이번 글에서는 워킹 맘 팀장님이 현재의 어려움을 지혜롭게 극복하며 앞으로의 6개월을 어떻게 보내야 할지에 대해 다루어 보겠습니다.

팀장 고민, 열여섯 번째

"최근에 휴직까지 고민했었어요. 과호흡 증후군이라고 들어 보셨나요? 어느 순간 호흡이 안 되더라고요. 잠깐 회의실 가서 쉬니까 조금 호전되긴 했지만, 최근에는 이런 증세가 자주 오고 있어요. 회사 업무도 중요하고, 일도 많은 편이라 휴직은 어렵다고 생각해요.

상무님께 말씀드려서 일주일에 하루 정도 반차 내고 병원 진료를 받고 있어요. 그런데 반나절만 자리를 비운 건데도, 다음 날 출근해 보면 일이 잔뜩 쌓여 있어요. 그걸 보니까 또 숨이 막히고…. 맡길 사람도 없으니, 스트레스 받느니 차라리 일을 빨리 처리하고 말자 싶어요.

그렇게 반차를 내다 보니, 결국 제가 더 힘들어지더라고요. 반차 내는 날도 최대한 빠르게 일을 처리하고, 2시간 일찍 퇴근해서 병원에 가게 되었습니다. 주변에서는 쉬어야 한다고 말하지만, 올해는 제가 쉴 수 없어요. 제가 맡은 프로젝트가 저 아니면 안 되고, 만약 이게 틀어지면 우리 회사에 타격이 있을 거거든요. 스트레스를 받고 있지만, 편히 쉴 수는 없어요.

집에 가면 자녀들이 있어서 돌봐야 해요. 예쁘고 좋긴 하지만, 쉽지는 않네요. 초2와 유치원생인데, 공부도 봐줘야 하고요. 제 개인 시간은 꿈도 못 꾸죠. 언젠가 동료가 '그렇게 지내다가 죽는 거야'라고 농담처럼 말한 적이 있어요. 농담이지만, 정말 농담 같지 않더라고요. 정말 이러다가 오늘 밤이라도 갑자기 죽어서 내일이 없을 수도 있겠다는 생각이 종종 들어요.

동료가 네일 관리를 하러 가자고 해서, 평소에는 안 해 봤던 네일 관리를 받기 시작했어요. 힐링이 되더라고요. 손톱이 예뻐지는 것도 좋지만, 나를 위해 시간과 돈을 쓰는 게 스트레스 해소에 정말 좋았어요. 그동안 내가 시간과 에너지를 어떻게 써 왔나 떠올려 봤는데, 자녀에게 70%, 남편에게 20%…. 나머지 10%도 온전히 내 것이라 보기 어렵더라고요.

> 그래서 육아휴직을 생각해 봤어요. 이 생각을 하니까 그래도 희망이 좀 생기는 것 같아요. 6개월 정도는 지금처럼 지내고, 그 이후에는 워킹 맘이 아닌 그냥 '나'로 살아 보고 싶어요. 앞으로 6개월을 어떻게 보내야 할까요?"

16th 고민과외 💬

팀장님, 그동안 정말 고생 많으셨습니다. 자신의 자리에서 묵묵하고 우직하게 버텨 오신 팀장님의 근성과 프로다움을 떠올립니다. 회사와 가정, 그 어느 곳도 절대 소홀히 해서는 안 되는 세월을 보내시며 책임을 지금까지 잘 감당해 오셨어요. 정말 대단한 일이지만 동시에 무척 고되고 힘든 일이라는 걸 이해합니다. 한 가지가 계속 마음에 걸리네요. 팀장님께서 현재 겪고 계신 과호흡 증후군과 심리적인 피로는, 몸과 마음이 보내는 경고라고 여겨집니다. 하지만 이 경고를 무시하지 않고 스스로의 삶을 돌보기 위한 선택을 하시려 하는 것 같아 반가운 생각이 듭니다. 휴직을 앞둔 시점에서 앞으로 6개월을 어떻게 보낼지에 대한 몇 가지 방법을 제안드릴게요.

첫째, '묵인 리스트'를 작성해 보세요. 묵인하고 있던 것들을 리스트화해 보는 겁니다. 지금 팀장님이 겪고 있는 스트레스의 상당 부분은 일과 가정에서의 사소한 불편함들을 묵인하며 쌓아 온 것일 수 있어요. 예를 들어 가족들이 치약을 중간에서 짜 놓은 것을 내가 양치할 때에는 치약의 끝부터 다시 짜면서 드는 느낌을 떠올려 볼까요? 많이 힘들거나 짜증스러운 것은 아닐 수 있지만 쉽게 근절되지 않는 불편한 감정을 담고 있는 사소한 일이죠. 지적해 봐야 잔소리 그만하라며 소심한 사람이라는 말만 들을 것 같은, 역효과만 있을 것 같은 묵인들이 누구에게나 있을 겁니다. 처음에는 별것 아닌 것 같아도 이러한 묵인들은 시간이 지날수록 나의 정신과 마음을 갉아먹는 위험한 것이 될 수 있습니다. 더 이상 묵인하지 않기로 마음먹어야 합니다. 그러기 위해 제일 먼저 묵인해 온 것들을 리스트로 작성해 보세요. 가정에서나 직장에서 나를 불편하게 만드는 것들을 적어 보고, 하나씩 해결해 나가는 거예요. 묵인 리스트를 작성하고 이를 하나하나 제거해 나가는 것만으로도 팀장님 본연의 모습에 집중할 수 있게 되어 나다운 생활로의 발전이 가능해집니다.

둘째, 다 작성한 '묵인 리스트'의 항목들을 점검하며 주변 사람들과 대화 나누세요. 팀장님의 '묵인'은 대부분 말하지 않고 참기 때문에 더 큰 스트레스로 남게 됩니다. 일이나 가정에서 나에게 불편함을 주는 상황들을 직면하고, 최대한 솔직하게 표현을 시도하세요. 묵인 리스트를 토대로 가족이나 팀원들에게 자신의 감정과 생각을 솔직하게 이야기하시길 권합니다. 아마 팀장님이 이런 걸 불편해하시는지 몰랐다는 반응들이 많을 거예요. 적극적으로 표현하셔야 합니다. 내 불편은 타인에게 이해받을 수 있는 영역이라 믿고 시도해 주세요. 팀장님 마음이 한결 가벼워지고, 주변 사람들과의 관계도 더 좋아질 수 있습니다.

셋째, 나만의 시간을 가지세요. 네일 관리가 팀장님에게 힐링이 되었다고 하셨죠? 이거 정말 중요한 포인트입니다. 손톱이 예뻐지는 것도 좋지만, 무엇보다도 나를 위해 시간과 돈을 쓰는 경험이 팀장님께 긍정적인 효과를 가져왔다는 것이죠. 앞으로도 네일 관리뿐만 아니라, 산책을 하거나 좋아하는 책을 읽는 시간, 맛있는 커피를 즐기는 시간 등 나를 위한 작은 힐링의 순간을 찾아 보세요. 시도해 보시면 무엇이 팀장님께 도움이 되는지 알 수 있을 겁니다. 책 한 권 사서 커피숍에 앉아 편안하게 사람들을 감상을 해 보는 것도 좋아요. 책은 읽지 않아도 괜찮습니다. 힐링 용도이니까요. 힐링에 있어서 잘하고, 열심히 하는 것은 의미 없는 행동입니다. 마음 편해지고 자신을 돌보는 느낌이 들면 성공입니다.

넷째, 6개월 후의 휴직을 계획해 보세요. 구체적으로요. 지금 당장은 휴직이 어렵지만, 6개월 후에는 휴직을 낼 수 있다고 하셨죠? 구체적으로 계획하는 과정에서 긍정적인 생각들이 많이 자라날 겁니다. 그동안 하고 싶었지만 못 했던 일들을 떠올리며, 일단 적어 두는 거예요. 그리고 수시로 그 계획을 보며 상상하시는 것도 도움이 됩니다. 이 과정이 앞으로의 6개월을 견뎌 내는 데 큰 힘이 될 겁니다. 하루 중 10분 정도의 시간을 아예 떼어 내서 그 시간만큼은 행복한 계획을 세우고 상상하기를 반복해 주세요. 휴직 전에도 기쁜 마음으로 지내실 수 있을 거예요.

팀장님, 6개월은 짧은 시간이 아닙니다. 무엇을 시작하셔도 결코 늦지 않아요. 누구보다 치열하게 분투해 오신 시간들을 존경합니다. 지금부터 달라지는 팀장님의 시간들이 인생의 황금기가 되실 수 있도록 응원합니다. 묵인해 왔던 것들로부터의 자유를 얻으며 몸과 마음의 회복이 이루어지고 생기로 가득한 시간들이 되길 바랍니다.

5.2
에너지 소진 없이 일하는
팀장의 비밀

하나의 팀만 관리하던 팀장이 다수의 팀을 관리하는 상위 직급의 부서장이나 임원이 된다면 무엇이 달라질까요? 하루 종일 문제를 해결하고 결정을 내리는 일의 연속을 경험할 것입니다. 이처럼 집중력과 긴장을 지속적으로 요구받는 것은 매우 지치고 에너지를 소모하는 일일 수 있습니다. 만일 9시부터 19시까지 보고를 받고 문제 속에서 끊임없이 의사결정을 내려야 하는 상황이라면, 어느 순간에는 자신의 에너지가 완전히 소진되는 느낌을 받을 수도 있습니다. 이런 상황을 계속 겪다 보면 업무에 대한 스트레스는 더욱 커지고, 에너지 소모가 심해져 결국 업무 효율성도 떨어지게 됩니다. 이번에는 팀장님들의 미래이기도 한 임원이 되었을 경우, 또는 그에 준하는 업무를 수행하고 계실 팀장님들이 에너지를 소진하지 않고, 지속적으로 업무를 효과적으로 수행하기 위해 어떤 전략을 사용할 수 있는지에 대해 이야기해 보겠습니다.

팀장 고민, 열일곱 번째

"매일 9시부터 19시까지 보고를 받고, 문제들 속에서 의사결정을 내려야 하는 상황입니다. 그 과정이 고통스럽고 스트레스를 받을 때가 많아요. 쉽게 녹초가 되어, 에너지가 나오질 않습니다. 어떻게 하면 이런 상황에서도 에너지를 소진하지 않고 일할 수 있을까요?"

17th 고민과외 💬

팀장님, 하루 종일 문제 해결과 의사결정을 반복하며 지내는 것은 정말 어려운 일입니다. 특히 보고를 받고, 그 자리에서 결정해야 하는 문제들이 쏟아질 때는 심리적으로도 육체적으로도 에너지가 많이 소모될 수 있어요. 하지만 이런 상황에서도 에너지를 유지할 수 있는 방법이 있습니다. 아래에 우선적으로 고려하실 수 있는 두 가지 특별한 방법을 소개드릴게요.

먼저, 팀장님 곁에 '스페셜 피플(Special People)'을 두는 것입니다. '나에게 에너지를 공급해 주는 사람'이 스페셜 피플입니다. 비서나 변호사, 코치 혹은 해당 분야의 전문가가 될 수 있습니다. 유의해야 할 것은 아무리 전문가라 할지라도 함께 있으면 오히려 힘들다는 느낌이 들면 안 됩니다. 그저 같이 있기만 해도 아이디어가 생기고, 심리적 회복이 되는 편안하고 긍정적인 사람을 곁에 두시길 권합니다. 스페셜 피플의 활동은 다양합니다. 팀장님이 보고를 받을 때나 어려운 문제를 논의할 때, 이들과 함께 한다면 긍정적인 톤을 유지하고 시각을 전환하는 데 도움을 받을 수 있어요. 예를 들어, 보고나 회의 상황에서도 스페셜 피플이 동행할 수 있습니다. 이후에는 이들과 함께 20~30분 정도 디브리핑 시간을 가지세요. 이 시간의 목적은 단순히 정보를 정리하는 또 하나의 회의가 아니라, 팀장님의 에너지를 회복하고 힘을 얻는 시간이 되어야 합니다.

스페셜 피플을 곁에 두고 일을 할 환경이 안 된다면, 업무 중 혹은 업무 이후에 온라인으로라도 스페셜 피플을 만나 의도적으로 회복의 시간을 갖는 것이 좋습니다. 단 10분이라도 스페셜 피플과 시간을 보내도록 해 보세요. 대화하며 업무에서 받는 스트레스를 줄이고, 다시 에너지를 채우는 데 큰 도움이 될 것입니다.

두 번째로는 업무 과정 내에서 직접 에너지를 얻는 방법입니다. 만약 스페셜 피플 없이도 에너지를 유지하고 싶으시다면, 업무 과정 내의 대화에서 에너지를 얻으면 됩니다. 충분히 가능합니다. 상대와 좋은 상호작용을 할 수만 있다면 말이죠. 그렇다고 상호작용을 위해 무조건 팀장님 위주의 대화이어선 안 됩니다. 상대방에게도 유익한 대화가 될 수 있도록 관점을 가져가야 합니다. 핵심은 상호작용입니다. 어느 한쪽의 일방적 대화가 되면 상호작용이 깨지게 됩니다. 에너지 비축도 어려워지죠. 가능한 위치에 계시다면, 보고를 받는 순서와 보고자를 조정하셔서 필요한 순간에 에너지를 얻는 대화를 업무과정 안에서 진행해 보세요.

방식은 이렇습니다. 대화를 시작할 때는 상대방의 입장을 먼저 고려해야 합니다. 나의 입장과 생각을 이야기하기에 앞서, 상대방이 중요하게 생각하는 것이 무엇인지, 상대방이 필요로 하는 것이 무엇인지, 상대방이 원하는 것이 무엇인지 질문하도록 합니다. 그런 다음에 본격적인 논의에 들어가는 것이죠. 상대방의 중요도와 나의 목표를 잘 접목하고 믹싱해서 이야기하면, 상호작용을 통해 서로의 에너지를 높일 수 있는 좋은 대화가 될 수 있어요.

우리가 종종 간과하는 것은, 상대방의 에너지가 나에게도 긴밀하게 영향을 준다는 사실입니다. 대화를 통한 상호작용으로 상대방이 에너지를 얻고 긍정적인 분위기를 가지면, 그 에너지가 나에게도 축적되어 더 나은 의사결정을 할 수 있는 힘이 됩니다. 팀장님께서 업무 중 대화를 할 때 이 부분을 꼭 염두에 두신다면, 더 큰 에너지를 얻으실 수 있을 거예요.

5.3
육아와 팀장 일을 병행하고 있는데요, 힘들 것 같다면 팀장을 내려놓아야 할까요?

팀장이라는 중요한 직책을 맡고 있을 때, 육아는 큰 행복이지만, 그만큼 큰 걱정의 한 부분이 될 수 있습니다. 게다가 팀장으로서의 '육아 단축 근무'의 병행은 현실적으로 쉽지 않은 결정입니다. 내년부터 주말부부가 되므로 본격적으로 육아를 전담해야 할 상황에 놓이게 된다면 고민은 더 커질 수밖에 없겠지요. 이 모든 상황들을 조화롭게 조정해 가는 지혜가 필요합니다.

팀장 고민, 열여덟 번째

"올해까지는 남편이 육아를 전담하고 있는데, 내년부터는 주말부부가 될 예정이라 제가 본격적으로 육아를 맡아야 할 것 같아요. 그래서 회사에 육아 단축 근무를 요청할 계획입니다. 그런데 제가 팀장이다 보니, 팀장 일을 하면서 육아 단축 근무를 병행하는 것이 많이 부담스럽습니다. 지금은 남편이 아이를 잘 보고 있어서 일에 에너지를 다 쏟고 집에 가도 어느 정도는 괜찮지만, 내년에는 팀장

> 일을 하면서 아이까지 돌볼 자신이 없어요. 팀장을 내려놓자니 지금까지 해 온 노력이 아쉽고, 남편은 팀장을 내려놓으라고 하고… 아이를 남편만큼은 잘 키워야겠는데, 어떻게 해야 할까요?"

18th 고민과외

육아와 팀장은 저울질을 해 보면 우열을 가리기 어려울 것입니다. 중요도로 따져 보면 그만큼 삶에 비중이 큰 영역들입니다. 팀장님, 두 가지를 모두 해내야 하는 내년을 앞두고 계시네요. 복잡한 마음이 전해집니다. 무거운 부담감도 느껴지고요. 반대로 이 시기를 잘 돌파하고자 하는 팀장님의 의지와 진심도 느껴집니다. 고민이 고민으로 끝나지 않도록 현실적인 이야기를 함께 나눠 볼까요?

우선은, 육아를 잘해 내야 한다는 부담을 줄이는 것이 필요합니다. 육아는 업무가 아닙니다. 육아를 마치 중요한 업무로 받아들이고 계신 건 아닐까 싶어요. 팀장 업무의 완결성을 추구하시는 것처럼 육아도 완벽하게 해내야 한다는 부담감이 있다고 생각합니다. 완벽을 추구하는 것은 앞으로 팀장님을 더 힘들게 할 수 있습니다. 아이들은 우리가 계획한 대로 자라지 않으며, 육아는 의도대로 되는 일이 아닙니다. 남편이 육아를 잘하신다고 하셨지만, 그와 비교하지 말고 팀장님만의 방식으로 아이와 시간을 보내시면 됩니다. 부담을 덜어 내고, 있는 그대로의 상황을 받아들이는 것이 중요합니다.

문제의 핵심은 팀장을 내려놓을지 말지에 있는 것이 아니라, 에너지를 어떻게 배분할 것인가에 있습니다. 팀장님께서 팀장 직분을 유지하면서 육아 단축 근무를 한다고 했을 때, 그 과정에서 에너지를 많이 소모하지 않는 방법을 찾아 본다면 굳이 팀장을 내려놓을 필요는 없지 않을까요? 지금의 고민은 흑과 백, 즉 팀장 직분을 유지하느냐 아니면 내려놓느냐로 극단적으로 나뉘어 있는 것 같아요. 그러나 그 사이에는 다양한 선택지가 있을 수 있습니다. 이 일로 상사와 대화해 보는 것도 좋은 방법입니다. 팀장님의 상황을 솔직하게 이야기하고, 최선의 선택지를 함께 찾아 보세요. 상사도 팀장님이 부서장 직급을 내려놓기를 원하지 않을 가능성이 큽니다. 포지션을 옮기거나 지원 부서로 이동하는 등의 다양한 선택지를 마련해 보는 것도 하나의 해결책이 될 수 있습니다.

육아 단축 근무는 노동청에서 보장된 정책입니다. 조건이 된다면, 당연히 사용하세요. 팀장님께서 최대한 다양한 선택지를 마련하고, 회사와의 협의를 통해 포지션을 조정하거나 업무를 변경하여 팀원 역할을 맡을 수도 있습니다. 중요한 것은 회사에 기여하면서도 팀장님의 에너지를 조절해 육아를 병행하는 것입니다. 만약 회사에서의 업무 조정에도 불구하고 육아 단축 근무 시간 안에 일을 해내기 어렵다면, 그때 가서 팀장 직분을 내려놓는 것을 다시 고민해도 늦지 않을 것입니다.

핵심은 팀장을 내려놓을지 말지가 아니라, 가능한 선택지를 최대한 마련하고 자연스럽게 상황에 맞게 흘러가도록 하는 것입니다. 부담을 내려놓으세요. 육아도 마찬가지입니다. 완벽하게 해내려고 하는 부담을 버리고, 아이와 하루하루를 보내며 작은 것들에 만족하는 것이 중요합니다. 팀장님, 어깨에 힘이 잔뜩 들어가 있습니다. 내려놓으시길 바랍니다.

팀장님, 이제 시작입니다. 지나친 저울질과 고민보다 상황별로 지혜롭게 반응하며 이 시기를 잘 보내시길 응원합니다. 막상 지내다 보면 지금처럼 부담되는 상황들만 생기지는 않을 거예요. 힘이 들기도 하겠지만, 예쁜 아가를 보면 힘을 얻을 거고, 처음에는 다소 부족하겠지만 육아 경험이 쌓이다 보면 시간 관리와 에너지 관리도 잘해 나가실 겁니다. 벌써 무엇을 포기할지 말지를 결정하지 않으셔도 됩니다. 솔직한 태도와 진정성 있는 소통으로 상위 리더님들의 지지와 응원을 듬뿍 받도록 하세요. 아이를 키우는 일은 축복받을 일입니다. 현실적인 대안들과 다양한 선택지들을 확보하시면서 지혜롭게 의사결정 해 나가시길 바랍니다.

팀장님들의 '1:1 고민과외' 리얼 후기

부서장 회의에 들어가면 회의라고는 하지만, 말로 하는 치열한 전쟁이 자주 벌어지곤 해요. 저는 이때 생기는 마음의 부담과 심리적 갈등들을 김 박사님께 털어놓았는데요, 짧은 시간이었지만 가슴에 울림이 있는 몇 가지 교훈들이 있었습니다. 그중 가장 인상적이었던 건 '관점'에 대한 이야기였어요. 나와 다른 주장을 하는 사람을 바라보는 관점에 대한 것이었는데요, '나에게도 나만의 관점이란 게 있듯이, 상대방도 나만큼의 나와는 다른 지식, 경험들이 축적이 되어 그만의 관점이 바탕이 된 상태로 내 앞에 앉아 있다. 걸어온 발자취가 다른 것이다. 내가 존중받고 싶듯이 상대도 존중받고 싶어 한다. 하지만 존중받지 못할 때, 우리는 전쟁을 벌인다. 물론 전쟁의 목적은 팀의 이익 극대화라는 명분으로!' 이 이야기들은 제게 깊은 인상을 남겼습니다.

이제는 상대방의 표현만이 아닌 표현 이면의 발자취를 바라보기로 관점을 새롭게 해야겠습니다. 그러려면 박사님 말씀처럼 여유가 필요하겠죠. 사실 이런 관점이 제게도 생겨날지 전혀 예상한 적이 없었거든요. 회의 들어갈 때마다 밀리지 않기 위해 제 논리를 만드는 준비만 했지, 상대를 이해하려는 생각은 늘 뒷전이었던 것 같아요.

박사님의 말씀들이 제게도 수용이 되는 걸 보면 제게도 상대를 수용하고

자 하는 좋은 의도와 바탕이 있는 것 같습니다. 이러한 관점이 또한 제게 힘이 되고 있어요. 박사님과의 알찬 2시간이 이렇게 제 관점을 완전히 바꾸게 될 줄은 교육에 임하기 전에는 전혀 몰랐습니다.

다시 기회가 주어진다면 '여유'에 대한 현실적인 이야기를 나눠 보고 싶어요. 박사님이라면 새로운 관점으로 제게 여유를 찾을 길을 열어 주실 것 같습니다. 적재적소에 필요한 질문만 해 주시고, 진정성 있는 공감을 하시면서도 동시에 있는 그대로의 저를 볼 수 있도록 해 주셔서 감동적인 시간이었습니다. 말씀하신 그룹 코칭도 부서장들과 함께 받아 보면 좋을 것 같습니다. 전쟁 같은 회의 말고 부서장들 시각을 확 열어 볼 수 있는 좋은 계기가 되지 않을까 기대가 됩니다.

부서장 회의만 들어가면 팀의 이익을 지키려고 애쓰다 두통과 현기증에 시달리는 팀장님

부담과 염려는 우리를 경직되게 만들곤 합니다.
흑 아니면 백! 극단적인 의사결정으로 향하게 하지요.
부정적 감정으로부터 벗어나고자 하는 자연스런 반응입니다.

리더님에게는 흑과 백보다 더 많은 선택지가 있습니다. 사실입니다.
언제나 더 많은 선택지가 있기 마련입니다.
상황이 어려울수록 선택지들을 최대한 확보하도록 하세요.

6장

팀장의 역할과 책임

6.1
팀장의 중요한 역할은
팀원들이 본인의 업무에 집중할 수 있도록 하는 것

팀원들이 업무에 집중할 수 있도록 환경을 만들어 주는 것이 팀장의 역할 가운데 가장 중요합니다. 특히 제품의 생산 및 판매까지 하는 업무 프로세스 상에서 일부 단계를 직접 담당하는 팀의 경우, 팀장은 각 단계에서 발생하는 문제를 전반적으로 파악하고 팀의 관점에서 조정하고 해결하는 능력이 필요합니다. 그러나 실제로는 여러 가지 자잘한 업무와 지원 업무들이 겹치게 되면서 팀장으로서의 핵심 역할을 해 나가는 것에서 멀어지는 경우가 있습니다. 이번 글에서는 팀원들이 본연의 업무에 집중하도록 함으로써 팀의 성과를 드라마틱하게 올리는 방법에 대해 이야기해 보겠습니다.

팀장 고민, 열아홉 번째

"저는 생산 및 출하 과정에서 일부 생산 단계의 품질 관리를 담당하고 있는 팀장입니다. 최근 다른 팀의 품질 관리 방식이 궁금해서 다른 생산 단계의 품질 관리 팀을 벤치마킹도 해 보았습니다. 사실

"우리 팀에서는 팀원들이 본인의 업무에만 집중할 수 없는 상황이 많은 것 같습니다. 저와 제 팀원들이 지원 부서에서 맡아야 할 일까지 떠안으면서, 자잘한 업무가 너무 많아요. 이로 인해 팀원들이 본래의 업무에 몰입하지 못하고 있는 것 같습니다.

저 역시 팀원들의 업무 속으로 깊이 들어가 문제를 파악하고 지원하기보다는, 떨어져서 그저 지켜보며 성과를 독려하는 데에 그치고 있는 것 같아요. 회사의 관점에서 가장 중요한 성과를 올리는 일에 집중은 하고 있지만, 정작 팀원들이 그 성과를 내기 위해 어떻게 일하고 있는지 세세하게 들여다보지 못하고 있습니다. 이런 상황에서 어떻게 팀원들이 더 업무에 몰입하고, 본연의 성과를 낼 수 있도록 도울 수 있을지 고민이 큽니다."

19th 고민과외

팀장님, 말씀 속에서 분주함과 어수선함이 느껴집니다. 팀장이라면 누구나 팀원들이 본인의 업무에 온전히 집중할 수 있도록 돕고 싶어 합니다. 하지만 현실은 다르죠. 여러 가지 자잘한 업무와 예상치 못한 지원 업무들이 겹치고 얽혀 팀원들이 본연의 업무에 몰입하지 못하는 상황이 종종 발생합니다. 팀원들이 업무에 집중할 수 있는 환경을 만들어 주는 것이 팀장의 중요한 역할이라는 것을 분명히 알고 계실 거예요. 그런데도 이러한 고민이 이어지는 이유는, 팀장님의 역할과 책임이 복잡하게 얽혀 있기 때문입니다.

먼저, 해야 할 것은 팀장님의 역할을 명확히 재정립하고, 팀원들이 본인 업무에 몰입할 수 있는 환경을 만들어 주는 것입니다. 얼마 전 팀장님께서 벤치마킹을 다녀왔다고 하셨잖아요. 어떤 인사이트를 얻으셨나요? 새로운 인사이트를 활용하여 팀 내에 엄격한 규칙을 세팅해 보시기 바랍니다. 이 규칙은 단순히 생산과 품질 관리를 위해 만들어진 것이 아니라, 팀원들이 본인의 핵심 업무에 몰입할 수 있도록 환경을 정비하는 것을 목표로 해야 합니다.

예를 들어, 지원 부서에서 맡아야 할 업무는 명확하게 구분하고, 이를 지원 부서로 이관하는 절차를 명확히 하시는 거죠. 팀원들이 생산 단계에서 품질 관리를 진행하는 동안에는 다른 지원 업무나 자잘한 일들에 신경이 가지 않도록 하는 것입니다. 이렇게 주도적으로 업무환경을 다시 세팅하여 팀원들이 업무 중단 없이 몰입할 수 있도록 해야 합니다.

위의 업무환경을 진행하시고, 곧바로 팀장님께서 직접 팀원들의 업무 속으로 깊이 들어가시는 것이 필요합니다. 각 팀원의 업무 내용을 세심하게 살피고, 업무 과정에서 발생하는 실질적인 문제와 어려움을 구체적으로 파악하세요. 예를 들어, 생산 단계에서 특정 품질 문제의 원인을 파악하기 위해서는 직접 생산 라인을 점검하고, 샘플을 확인하며, 실시간으로 팀원들과 함께 문제 해결을 시도해 보는 것입니다. 팀원들과 함께 현장을 점검하고 문제의 본질을 이해하려는 노력은, 팀원들이 자신의 업무에 대한 자신감을 갖게 하고 문제 해결에 대한 지원을 실감하게 할 것입니다.

그런 다음, 팀원들의 업무 수행을 위한 구체적인 Rule을 설정해 보세요. 이 Rule은 업무 과정에서의 실질적인 문제와 해결 방법을 기반으로 해야 합니다. 예를 들어, 품질 관리 과정에서 자주 발생하는 문제를 유형별로 분류하고, 이를 해결하기 위한 절차를 명확히 규정하는 것입니다. 이렇게 세운 Rule은 팀원들이 업무 중 문제가 생겼을 때 혼자 고민하는 것이 아니라, 정해진 절차에 따라 신속하게 해결할 수 있도록 도와줍니다. 또한, Rule은 팀원들 간의 업무 표준화를 이루어, 팀 내에서 일관된 성과를 낼 수 있도록 해 줄 것입니다.

또한, 팀장님께서는 팀원들과의 1:1대화를 통해 그들이 필요로 하는 것이 무엇인지, 어떤 부분에서 어려움을 느끼고 있는지 파악해야 합니다. 팀원들과 정기적인 면담을 진행하고, 그들이 제안하는 개선 사항이나 필요를 적극 수용하는 자세가 필요합니다. 팀원들이 스스로 개선 방안을 제안하고, 그 방안을 실제로 반영하여 실행해 보는 경험을 하게 되면, 업무에 대한 책임감과 몰입도가 자연스럽게 높아질 것입니다.

마지막으로, 업무 과정 내에서 팀원들이 성과를 내기 위해 필요한 지원을 아끼지 말아 주세요. 예를 들어, 팀원들이 품질 관리를 하다가 겪는 반복적인 문제가 있다면, 지원부서와 협력하여 원인을 분석하고 개선책을 마련하는 것입니다. 이러한 지원이 지속되면 팀원들은 더 이상 반복적인 문제로 인해 에너지를 소모하지 않고, 본인의 업무에 집중할 수 있게 됩니다.

팀장님, 본질에서 벗어난 업무로 시간과 에너지가 소진되는 것처럼 허망한 일도 없습니다. 팀원들이 본인의 업무에 온전히 집중할 수 있는 환경을 만들어 주고, 팀장님이 그들과 함께 문제를 해결하는 과정으로 함께 들어가 주신다면 반드시 긍정적인 변화가 있을 것입니다. 저 역시 동행하겠습니다.

6.2
다수 앞에서
말하기 어려워하는 팀장

팀원들에게 중요한 공지나 지시를 전달하는 상황은 자주 발생합니다. 하지만 다수 앞에서 말하는 것은 누구에게나 쉬운 일이 아닙니다. 팀장도 1:1 상황에서는 원활하게 소통할 수 있지만, 여러 사람 앞에서 말할 때는 불안감과 두려움을 느끼기도 합니다. 이러한 상황은 팀의 운영과 소통에 영향을 미칠 수 있습니다. 이번 사례에서는 많은 팀원들 앞에서 말하기 어려워하는 팀장님의 고민을 다뤄 보겠습니다.

팀장 고민, 스무 번째

"저는 1:1 상황에서는 말을 잘하는 편인데, 다수 앞에서는 이야기가 참 어렵습니다. 특히 15명 이상 되는 경우에는 더더욱 말문이 막히곤 해요. 전달할 내용을 미리 프린트물로 배포해 보고, 말할 내용을 미리 써 보기도 하지만, 막상 말하다 보면 두서가 없어져서 꼭 해야 할 말들을 놓치기도 합니다. 제가 원하는 건 이렇게 공지하는 자리에서 팀원들이 제가 말하는 목적을 확실히 이해했으면 좋겠고, 말한 내용이 실제로 실행되었으면 하는 것입니다."

20th 고민과외

 팀장님, 다수 앞에서 말하는 것이 부담스럽고 어려운 것은 자연스러운 일이에요. 제가 느끼기에는 팀장님이 자신이 전달해야 할 것들에 대한 깊은 책임감을 가지고 계시기에 더욱 부담을 느끼시는 것 같습니다. 이 부담감은 오히려 팀장님을 더욱 책임감 있는 리더로 돋보이게 합니다. 하지만 지금 이 부담이 너무 커지다 보니 오히려 자신감을 잃고 계신 건 아닌가 싶습니다. 이 부담감을 어떻게 해소하고, 팀원들에게 효과적으로 소통할 수 있을지 함께 고민해 보겠습니다.

 첫 번째로, 심리적인 부분에 대해 생각해 볼까요? 팀장님이 다수 앞에서 말할 때 느끼는 두근거림과 불안감은 대개 청중의 시선 때문입니다. 저는 강의할 때 청중을 '수박 덩어리'로 보라고 조언해 드려요. 그 이유는 수박은 우리 모두가 좋아하는 과일이잖아요? 그렇게 청중을 좋아하는 대상으로 생각하고, 만만하게 보는 겁니다. 저 역시 30대 초반부터 중년의 CEO들 앞에서 강의를 해야 했을 때 열등감을 많이 느꼈어요. 긴장도 심했고요. 어느 여름에 강의를 하는데, 긴장은 되는데 날도 덥고 시원하고 달콤한 수박 생각이 간절했어요. 죄송한 발상이지만 청중의 얼굴마다 수박 이미지를 넣고 바라보니 마음도 편해지고, 근엄한 표정의 중년 남성들도 친근하게 느껴졌어요.

또 공간을 장악하는 것도 중요합니다. 대부분의 경우 청중은 이미 자리에 앉아 있고, 발표자는 나중에 등장하게 되죠. 저는 강의가 있을 때, 미리 강의 장소에 들어가서 공간에 익숙해지는 시간을 의도적으로 갖곤 합니다. 강의장 문고리에도 손을 얹어 보고, 의자나 책상들을 만지기도 하며 공간에 대한 친숙함을 느끼도록 노력해요. 팀장님도 발표 전에 조금 일찍 가셔서 공간과 친해지면 다수 앞에서의 불안감을 줄이는 데 도움이 될 겁니다.

두 번째로, 키워드 요약을 통해 발표 내용을 간결하게 만들어 보세요. 할 말을 대본처럼 써 놓고 외우려고 하면 막상 대중 앞에 섰을 때에는 실수할 수 있습니다. 대본을 암기하지 않는 이상 말은 항상 다르게 나오기 마련이죠. 대신 핵심 키워드만 머릿속에 정리하는 것이 좋습니다. 오늘 말할 핵심 사항을 세 가지로 정리하고, 청중에게도 그것을 명확하게 전달하세요. 키워드가 세 가지 이상 넘어가면 청중도 집중력을 잃기 쉽습니다.

발표 프로세스를 아래와 같이 간단히 정리해 볼까요?

1단계, 라포 형성: "여러분, 오늘 기분은 어때요?"와 같은 가벼운 질문으로 시작하세요. 자신의 일상 이야기를 간략히 나누며 청중과 감정적으로 연결되는 것이 중요합니다. 예를 들어, "어제 아이를 재우느라 잠을 설쳤지 뭡니까"처럼 부담 없이 소소한 개인적인 이야기를 하면서 청중의 마음을 두드려 보세요.

2단계, 핵심 요점 제시: "오늘 우리가 함께 기억할 세 가지입니다. 첫째, 둘째, 셋째입니다. 적어 두세요" 이렇게 간단하고 명확하게 발표의 구조를 전달합니다. 이때 청중의 집중도가 가장 높다는 걸 기억하세요.

3단계, 사례 붙이기: 각각의 핵심 요점마다 사례를 붙여 설명하면 청중에게 더 명확하게 다가갈 수 있습니다. 예를 들어 "첫째는 무엇입니다. 이와 관련해서 최근 이런 일이 있었어요"처럼 말이죠.

4단계, 키워드 중심으로 마무리: 발표의 끝에서는 다시 키워드를 짚어 가며 요약하세요. 이렇게 하면 청중이 중요한 내용을 기억하기 쉬워집니다.

5단계, 팀원에게 피드백 요청: 팀원 중 한 명에게 발표 내용을 정리해 보도록 시켜 보세요. 이는 발표 내용을 청중이 얼마나 이해했는지를 확인하는 좋은 방법입니다.

6단계, 소통의 깊이: "너희들 생각은 어때?"라고 물어보고, 팀원들의 의견을 들어 보세요. 이를 통해 소통의 깊이를 더할 수 있습니다.

세 번째로, 반복 연습이 필요합니다. 자신감이 들 때까지 반복 연습을 하는 거죠. 발표 장소에 미리 가서 의자에 사람들이 앉아 있다고 상상하면서 발표해 보세요. 키워드 중심으로 연습하고, 그 키워드를 통해 구체적인 내용을 확장해 보는 형태로 반복해 보세요. 이 연습을 통해 점점 더 자신감이 생길 것입니다.

마지막으로, 팀장님께서 원하시는 것은 단순히 발표를 잘하는 것이 아니라, 발표 후 팀원들이 실제로 행동에 옮기도록 만드는 것입니다. 공지 후에 바로 실행까지 챙기기 어려운 경우에는 발표 내용을 간단하게 키워드 위주로 정리해 팀원들에게 이메일로 보내 보세요. 하단에 '회신 필수'라는 문구를 넣으시고요. 팀원들이 팀장님의 메일을 확인하고 회신 메일을 보내면, 작은 보상을 해 주는 것도 방법입니다. 예를 들어, 발표 내용에 대한 양질의 피드백을 준 팀원들에게 아이스크림을 쏘는 것도 괜찮겠죠? 가벼운 방법이지만 팀원들의 실행 동기를 자극하고 실행 습관의 길을 열 수 있을 겁니다.

6.3
솔직한 소통 때문에
본부장님에게 미움받고 있습니다

   팀장으로서 솔직한 소통은 팀 내에서 투명한 분위기를 조성하고, 신뢰를 쌓는 데 매우 중요합니다. 그러나 때로는 이러한 솔직함이 조직 내에서 상위자와의 갈등을 초래할 수 있습니다. 특히 솔직한 의견이 상대방에게 불편하게 다가가거나, 상위자의 지시와 충돌할 때 문제가 될 수 있습니다. 이번 사례에서는 솔직함을 유지하면서도 조직 내 갈등을 줄이는 방법에 대해 이야기해 보겠습니다.

팀장 고민, 스물한 번째

"저는 한 부서에서 오랜 기간 일해 왔습니다. 최근에 새로운 상급자분이 오셨는데, 그분과 대화할 때마다 고민이 생깁니다. 저는 항상 솔직하게 이야기를 하는 편인데, 가끔은 그 내용이 상대방에게 껄끄럽게 느껴질 수 있고, 부적절하게 보일 수도 있습니다. 얼마 전에도 팀원에 대한 이야기를 나누는 자리에서, 결과가 이미 뻔한 상황인데도 불구하고 상급자가 계속해서 사유와 배경을 제출

> 하라고 하시더라고요. 저는 비효율적인 일이라고 생각해서 솔직하게 말씀드렸지만, 결국 갈등이 생겼습니다. 저는 가식을 싫어하고, 효율적으로 일하는 걸 좋아합니다. 그래서 이런 솔직한 태도가 갈등 요소가 되다 보니, 저도 가끔은 자제할 걸 그랬나 싶습니다. 어떻게 하면 충돌 전에 상황을 잘 다스릴 수 있을까요?"

21st 고민과외 💬

팀장님, 솔직하게 의견을 말하고, 효율적으로 일하고자 하는 태도는 매우 귀중합니다. 팀원들에게는 이런 팀장님의 투명성과 정직함이 큰 힘이 될 수 있어요. 팀장님이 가지고 계신 경험과 통찰력, 그리고 그로 인한 빠른 의사결정 능력은 팀을 이끄는 데 정말 중요한 자산이죠. 다만, 그 솔직함이 때로는 조직 내 갈등의 요소로 작용할 수 있다는 점에서 고민이 깊어지는 것 같습니다. 오늘은 이 솔직함을 잃지 않으면서도, 조직 내에서 갈등을 최소화하는 방법에 대해 이야기해 보겠습니다.

우선, 솔직하고 가감 없는 소통은 팀장님께서 투명한 리더십을 보여주는 중요한 특성입니다. 그러나 조직 내에서는 '과정'이 중요한 경우가 많습니다. 제가 전문코치로서 대기업에 정규직 입사하였을 때에도 비슷한 경험이 있었어요. 회사에 해결해야할 문제가 있으니 저와 같은 전문가를 채용한 것 아니겠습니까. 조직 내에 들어가서 확인해 보니 답이 딱 나오는 거예요. 너무 초급적인 교육들, 마인드교육, MBTI, DISC 이런 기초적인 교육과정들만 진행하고 있길래, '이런 건 지금 우리 조직의 상황에는 필요 없다! 하지 말아야 한다'라고 너무 직설적으로 이야기한 적이 있었습니다. 그때 저는 과정을 무시한 채 빠르게 본질에 접근하여 회사에서 요구하는 솔루션을 주고 싶었던 거지만, 결국 큰 반발을 샀어요. 그때 배운 첫 번째 교훈은, 아무리 좋은 아이디어라도 조직에서는 빌드 업의 과정을 거쳐야 한다. 즉, '과정'이 중요하다는 것이었습니다.

회사의 프로젝트도 마찬가지입니다. 프로젝트를 론칭할 때 수많은 과정을 거칩니다. 관계 부서 협의, 팀장 보고, 본부장 보고, 최종적으로 CEO 보고까지 수많은 단계가 있죠. 그 과정에서 에너지가 소모되고, 때로는 효율성이 떨어지는 것처럼 보일 수도 있습니다. 그러나 그 과정을 거치며 협의와 조정이 이루어지기 때문에, 팀원들이 준비한 프로젝트가 실제로 실행 가능한 모습으로 다듬어지게 됩니다.

팀장님께서 중요하게 생각하셔야 할 것은 바로 이 '과정의 가치'입니다. 아무리 좋은 솔루션이라도 조직 내에서 다양한 이해관계자와의 조정이 필요하죠. 이때 중요한 것은 상대방이 원하는 것이 무엇인지에 집중하는 것입니다. 지원 부서에서는 일정과 인원에 관심이 있을 수 있고, 본부장은 리스크 방지를 가장 중요하게 생각할 수 있습니다. 관련 팀장은 이 기획안이 본인의 팀에 얼마나 유익할 것인지에 초점을 맞추고 있을 것이고요. 모두 각자의 관점에서 중요한 요소를 보고 있을 겁니다.

회사는 개인들이 모여 있는 것 같지만, 그 개인들이 가진 삶의 경험과 가치가 함께 모여 있는 곳입니다. 본부장님께서 어떤 결정을 내릴 때, 그분의 삶의 경험이 함께 작용한다고 생각해 보세요. 팀장님께서 솔직하게 말씀하시는 것처럼, 본부장님의 입장과 관점도 소중한 것입니다. 상대방의 생각과 의견을 존중하면서 소통한다면, 갈등보다는 더 깊은 이해와 협력이 이루어질 것입니다.

소통의 핵심은 존중에서 시작됩니다. 솔직하게 이야기하는 것과 존중하는 것은 서로 대치되는 것이 아니에요. 오히려 솔직함 속에 존중을 담아낼 수 있다면, 더 깊은 소통이 가능해집니다. 상대방이 중요하게 생각하는 과정에 대한 존중을 먼저 표현해 보세요. 이를 단순히 가식으로 받아들이지 마시고, 상대방의 관점에서 표현하는 존중이라고 여겨 주세요. 이렇게 존중이 먼저 자리 잡히면, 상대방도 팀장님께 속마음을 털어놓게 될 것이고, 그로 인해 더 효과적인 소통이 가능해질 것입니다.

예를 들어, 본부장님께서 요구하신 '사유와 배경 제출'이 팀장님 관점에서는 비효율적으로 생각되더라도, 그 요구의 배경에 무엇이 있을지를 떠올려 보시는 거죠. 본부장님은 아마도 팀의 리스크를 줄이기 위해, 또는 상위 보고에서의 책임 문제를 대비하기 위해 그런 요구를 하셨을 수 있습니다. 이럴 때 팀장님께서 먼저 "이 부분을 본부장님께서 중요하게 보시는 이유를 이해합니다"라고 말하며 본부장님의 관점에 대해 존중을 표현한 뒤, 그 다음 솔루션을 제안하면 더 값지고 긍정적 반응을 얻을 수 있을 것입니다. 이건 단순히 아부나 가식이 아니에요. 팀장님의 생각이 옳고 소중하듯이 본부장님도 자신의 생각을 그렇게 생각하고 계실 테니 그것을 자연스럽게 인정해 드리는 거죠.

팀장님들의 '1:1고민과외' 리얼 후기

"시간 가는 줄 모르고 너무나 몰입해서 교육을 받았습니다. 이게 분명히 교육인 건 맞는데, 그냥 뭐랄까요. 교육이라기보다 제 말을 끝까지 들어주시고, 마음속 깊이 응원을 받는 가장 친한 친구와 담소하며 여행 다녀온 느낌이랄까요. '내가 잘못해서 일어나는 일들도 있지만, 어쩔 수 없이 일어나는 일 또한 있기 마련이다', '내 통제권 밖의 범위라는 걸 인지하는 속도와 수용성', 더 중요한 것은, 이러한 일들이 발생했을 때 '내가 리더라는 이유로 팀원들에게까지 부정적인 영향이 퍼지지 않도록 하는 것!', '좋은 영향을 주는 팀장이 되려 하기보다 나 스스로 업무에 대한 즐거움을 갖기!' 완전 촌철살인, 주옥같은 메시지들입니다. 제가 교육받으며 제 할 말 다 하고 나서 김지엘 박사님으로부터 들은 멘트들입니다.

사실 더 있는데 다 적어 놓질 못해서 아쉽네요. 교육 종료되는 시점에서 박사님에게 다시 말씀해 달라 하니 박사님도 생각이 안 난다고 하시네요. ^^ 완전 각본이 없지만 흥미진진한 드라마와 같은 교육이었습니다.

팀장 되고 15년인데, 이런 식의 교육은 처음이었습니다. 완전히 저한테만 몰입하고 집중해서 1:1로 진행되는 교육, 내가 처음부터 끝까지 주인공이었던 교육, 이런 교육 장려합니다! 요즘은 팀원들이 주연이에요. 팀장들은 조연이거나 엑스트라인 경우가 대부분인데 저를 이렇게 주인공으로 만들

어 주시다니, 박사님은 정말 대단한 능력자이십니다.

감사합니다. 커피 쿠폰 쏜 거 꼭 사모님하고 드세요! 이런 교육 받게 해 준 회사에도 감사합니다."

- **회사에 발생한 큰 이슈를 핸들링하기 위한 일을 맡게 되어 팀원들에게 부정적인 영향을 최소화하면서 이슈를 해결해 나가고자 고민했던 팀장님**

전달력!
'내가 잘 말하는 것보다, 구성원들이 잘 전달받게 되는 것!'

7장

팀원 개개인의 특성에 따른 관리

7.1
독특한 팀원 한 명 때문에
팀원들이 모두 불편해해요

팀원들의 다양성을 존중하며, 모두가 편안하게 일할 수 있는 환경을 조성하는 것은 팀장에게 중요한 일입니다. 그러나 가끔은 특정 팀원의 독특한 행동 때문에 다른 팀원들이 불편함을 느끼고, 팀 분위기가 어수선해질 수 있습니다. 이런 경우, 팀장으로서 어떻게 대처해야 할까요? 팀원 개개인을 존중하면서도 팀 전체의 조화를 유지하기 위해 어떤 접근이 필요할지 이야기해 보겠습니다.

팀장 고민, 스물두 번째

"저희 팀에 전 직장에서 괴롭힘을 당해 심리적으로 어려움을 겪고 있는 팀원이 있습니다. 가끔 공황장애도 있고, 자기 이야기를 많이 하는 편인데, 솔직히 너무 지나칠 때가 많아요. 아침저녁으로 저에게 와서 계속 말을 하고, 제가 편해서라기보다 이 팀원은 계속 누군가와는 이야기를 해야만 하는 사람처럼 보여요. 문제는 팀 내의 다른 팀원들도 이 팀원과 대화하는 걸 힘들어한다는 겁니다.

> 업무 중에도 사내 메신저로 계속 말을 거는데, 바쁜 티를 내는데도 잘 멈추지 않습니다.
> 다른 팀원들도 이 팀원과 소통하는 것을 피하고 있는 것 같아요. 그래서 저도 조심스럽습니다. 하지만 업무적으로 소통해야 할 부분이 있어서 난처해요. 제가 업무 이야기를 할 때도 이 팀원은 자꾸 개인적인 이야기를 하고 싶어 합니다. 업무적인 부분은 메신저나 메일로 전달하고, 면담 시에는 개인적인 이야기만 주로 나누게 되니, 이 팀원과 소통하는 것이 정말 어렵습니다. 어떻게 해야 할까요?"

22nd 고민과외 💬

팀장님, 정말 복잡하고 까다로운 상황인 것 같습니다. 특정 팀원이 다른 팀원들에게 불편을 끼치고 있고, 그로 인해 팀 분위기가 어려워질 때, 팀장으로서 고민이 많으실 거라 생각해요. 팀원들의 불편함을 이해하면서도 그 팀원의 상황을 배려해야 하니까요. 오늘은 이런 상황에서 어떻게 균형을 잡을 수 있을지, 팀 전체의 분위기를 해치지 않으면서도 소통을 원활하게 할 수 있는 방법에 대해 이야기해 보겠습니다.

첫째, '문제화'는 기준을 세우고 판단하세요.
모든 팀원이 다소 불편함을 느끼더라도, 그 불편함을 공식적인 이슈로 '문제화'하는 것은 차원이 다른 일입니다. 정말 문제가 되는지 여부에 관해 팀장님께서 직접 기준을 갖고 명확히 판단하셔야 합니다. 팀장님께서 그저 '문제다. 이슈다' 하게 되면 그 일은 팀에서 처리해야만 하는 업무가 되어 버리기 때문이죠. 일반적으로 전체 팀원의 30% 이상이 이 일에 대해 반복적으로 불편을 호소할 때를 기준으로 하시길 권합니다. 그때부터는 적극적으로 팀 차원의 대처가 진행되어야 합니다. 그 전까지는 개인적인 불편으로 받아들이고, 섣불리 문제로 간주하지 않는 것이 좋습니다. 팀장님이 문제로 치부할 때 비로소 그것은 문제로 확대됩니다.

둘째, 예방적인 접근을 시도하세요.
해당 팀원으로 인해 불편함을 겪은 다른 팀원들과 잦은 소통을 진행해 주세요. 그들이 해당 팀원을 대했던 행동들에 대해 경청하시고 대응해 온 노력들에 대해 격려해 주세요. 예를 들어, "그렇게 했구나, 정말 현명하게 대처했어" 혹은 "아, 지혜롭게 잘 대응했네"라고 말해 주는 겁니다. 이런 방식으로 팀원들의 대응에 관해 진지한 태도로 칭찬하면 그들은 이 일을 더 이상 문제로 확대하지 않고, 오히려 다시 같은 상황이 발생했을 때 더 현명하게 대처하려고 노력하게 될 것입니다. 명심하세요. 문제라고 명명하기 전에는 문제가 아닙니다. 예방적인 접근을 통해 문제로 커지지 않도록 하는 것이 중요합니다.

셋째, 공정성을 유지하세요.
팀장님께서 해당 팀원에게만 다르게 대하신다면, 차별이 문제로 발전될 수 있습니다. 예를 들어, 다른 팀원들에게는 대면으로 업무 전달을 하고 있는데, 해당 팀원에게만 메일로 전달한다면 이는 공정하지 않은 처사로 비칠 수 있습니다. 물론 팀장님의 판단으로 효율적인 방향을 모색하신 것일 수도 있지만, 사소한 부분의 차이로 인해 팀원들의 감정이 상하게 되면 걷잡을 수 없이 문제화될 수 있습니다. 팀의 모든 팀원에게 적용하는 소통방식에 예외를 두지 마시고 동일하게 대하려고 노력하세요. 대면으로 업무를 전달했다면 그 팀원에게도 동일하게 대면으로 전달해야 합니다.

넷째, 업무 대화 시, 주제를 서서히 좁혀 나가세요.
이 팀원과의 대화에서 개인적인 이야기가 확장될 때, 갑자기 대화의 주제를 바꾸면 팀원이 상처를 받거나 오해를 할 수 있습니다. 깔때기처럼 대화의 주제를 큰 것에서 서서히 좁혀 가며 자연스럽게 업무 이야기를 할 수 있도록 촉진하세요. 예를 들어, "요즘 회사 생활은 어떠세요?" 같은 질문을 시작으로, "이 업무에 대해서는 요즘 어때요?"로 서서히 업무 주제로 대화의 주제를 좁혀 나가는 겁니다. 이렇게 서서히 좁혀 나가는 방법이 상대방에게도 상처를 주지 않고, 자연스럽게 업무대화를 나눌 수 있어 면담의 효율을 높일 수 있습니다.

팀장님, 팀장님께서 '이거 문제다'라고 하기 전까지는 무슨 일이든 문제화되는 것은 아닙니다. 불편함과 그 불편함을 문제화하는 것은 엄연히 다릅니다. 그래서 팀장님의 판단 기준이 팀의 운영에 중요합니다. 특정 팀원의 독특함이 다른 팀원들에게 미치는 영향을 고려하시고 주도적으로 판단 기준을 세워 놓으셔야 합니다. 무엇보다 예방적 접근에 최선을 기울이시고, 공정성을 유지하며 팀 전체의 분위기를 지켜 나가야 합니다. 사실 업무 자체가 문제가 되어 팀에 균열이 생기는 경우는 많지 않습니다. 서운한 감정, 풀리지 않는 불만, 불통 등이 화근이 되어 팀 전체가 어수선해지는 경우가 더 많다는 걸 기억해 주세요.

7.2
팀원에게 내 이야기가 잘 들어가고 있는 걸까?
수용성을 높이는 방법 두 가지

　팀원들이 진정으로 팀장의 말을 이해하고 수용하고 있는지 확인하는 것은 소통과정에서 중요한 부분입니다. 팀장이 좋은 조언과 양질의 정보를 제공하더라도, 팀원이 잘 듣고 있는지, 잘 이해하고 있는지 확신이 서지 않을 때가 있습니다. 어떻게 하면 팀원들이 팀장의 이야기를 더 잘 수용할 수 있게 할까요? 이번에는 팀원의 수용성을 높이기 위해 적용할 수 있는 두 가지 접근법을 살펴보겠습니다.

팀장 고민, 스물세 번째

"저는 진심으로 팀원들이 잘되었으면 하는 마음으로 조언도 하고 교육도 하고 있습니다. 제 경험과 노하우를 나누면서 팀원들이 성장하는 모습을 보고 싶어요. 그런데 팀원들이 제 이야기를 잘 듣고 있는지 모르겠습니다. 몇몇 팀원은 반응을 잘 보이기도 하지만, '네네네'만 하면서 지나가는 팀원도 있어요. 그럴 때면 상대방이

> 제 말을 이해하지 못한 것 같다는 생각이 들면서 부연설명을 더 하다 보니 제가 말을 너무 많이 하게 되더군요. 그리곤 점점 제 이야기가 팀원들에게 제대로 전달되고 있는지, 잘 이해되고 있는지 확신이 서지 않게 됩니다.
> 저는 제 이야기가 팀원들에게 잘 전달되고, 팀원들이 그것을 잘 수용했으면 좋겠어요. 또한 팀원들의 입장에서 그들이 무슨 생각을 하고 있는지 더 잘 이해하고 싶습니다. 어떻게 하면 더 나은 소통을 할 수 있을까요?"

23rd 고민과외

팀장님, 그저 할 일만 하며 팀원들과 적당한 거리를 두며 지내시는 팀장님들도 많습니다. 이런 고민을 하고 계시다니, 팀원들이 이런 팀장님의 면모와 의도를 이해하고 있다면 정말 좋겠습니다. 팀원들이 성장하고 잘되기를 바라는 진심이 느껴져요. 리더로서 정말 좋은 마음밭을 갖고 계십니다. 이제 이 진심이 팀원들에게 더 잘 전달되고, 그들이 더 깊이 받아들일 수 있도록 몇 가지 전략을 함께 살펴볼게요.

이 고민의 핵심은 '팀원이 팀장의 이야기를 얼마나 잘 받아들이고, 이를 실행에 옮기는가' 하는 것입니다. 조직 내에서 팀장이 소통하는 이유는 팀원들이 업무를 이해하고 팀장의 전달사항을 적극적으로 반영하여 실행하는 것을 돕기 위해서죠. 이제, 팀장의 메시지가 팀원에게 잘 수용되게 하는 방법을 두 가지 측면에서 살펴보겠습니다.

첫 번째, 팀원에게 전달하는 메시지의 양을 조절하는 것입니다. 한 번의 미팅에서 세 가지 이상의 내용을 전달하면 팀원의 집중력이 떨어지기 쉽습니다. 이는 팀원뿐만 아니라 누구에게나 해당되는 이야기입니다. 따라서 한자리에서 전달하는 메시지는 최대 세 가지로 제한하는 것이 좋습니다. 또한, 이 세 가지도 문장보다는 키워드 위주로 정리하여 팀원의 머리와 마음에 잘 남겨지도록 해야 합니다.

예를 들어, 세 가지 메시지 a, b, c를 전달한다고 가정해 봅시다. 이때 팀장이 a, b, c를 연속적으로 쭉 이야기하면 팀원들은 이를 모두 수용하지 못할 가능성이 큽니다. 팀원들은 자신만의 필터를 통해 메시지를 걸러내고, 중요도를 나눠 수용합니다. 거의 대부분은 마지막 메시지였던 c만을 기억하게 될 것입니다. 따라서 a, b, c 각 메시지를 끊어서 전달하고, 그 사이에 팀원의 생각을 물어보는 것이 좋습니다. 예를 들어, a에 대해 이야기한 후에 "어떻게 생각해?"라고 질문을 던져 팀원의 반응을 들어 보세요. a를 말하고 바로 b로 넘어가지 마시고요. a와 b 사이를 끊고 팀원의 생각을 묻는 패턴입니다. 이를 통해 팀원은 자신의 생각을 표현하게 되고, 자연스럽게 메시지에 대한 수용도가 높아집니다. 팀원의 표현은 팀장이 전달한 메시지의 수용 정도를 파악할 수 있는 좋은 지표가 됩니다.

두 번째, 팀원에게 정말 중요한 것을 우선으로 하여 대화하는 것입니다. 팀장이 전달하고자 하는 메시지가 팀원에게 중요한 것이라면, 그 메시지가 훨씬 더 잘 수용될 것입니다. 대화 초반에 "요즘 너에게 정말 중요한 게 뭐니?" 또는 "요즘 네게 정말 필요한 게 뭐니?"라고 질문하여 팀원 스스로 표현하게 하세요. 이렇게 하면 팀원은 그 주제를 생각하면서 팀장의 메시지를 듣게 되고, 자연스럽게 수용성이 높아집니다. 여기에서 가장 중요한 것은 팀원에게 정말 중요한 주제에 대해 대화를 나누는 것입니다. 만약 팀원이 중요한 것이라고 말은 하지만 팀장님의 느낌에 팀원의 목소리 톤, 표정, 뉘앙스에서 별로 중요한 이야기를 하고 있지 않다는 생각이 들거나 진정성이 느껴지지 않는다면 그냥 넘어가지 말아야 합니다. 그때에는 이렇게 말씀해 보세요. "내 느낌에는 네가 정말 중요한 이야기를 하고 있지는 않은 것 같아, 어떻게 생각해?" 또는 "그것 외에 너에게 정말 중요한 건 뭐니?"라고 되묻는 것도 좋습니다.

이렇게 팀원의 진짜 니즈가 도출되는 것이 중요합니다. 그 관점에 맞춰 팀장님이 준비한 메시지를 전달하면 됩니다. 팀원이 중요하게 여기는 것에 맞춰 메시지를 전달하면, 팀원의 수용성은 자연스럽게 커지게 됩니다.

7.3
성향이 너무 다른 팀원과
소통을 어떻게 해야 할까

팀원 개개인의 성향이 다른 것은 당연한 것입니다. 그러나 팀을 이끌다 보면 대부분의 팀원들은 성향이 비슷한데, 유독 한 명의 성향이 다른 경우, 그로 인해 발생하는 소통의 어려움은 팀장에게 큰 부담이 될 수 있습니다. 특히 이로 인해 팀 전체의 조화가 깨질까 걱정이 된다면, 팀장의 고민은 더욱 깊어질 수 있습니다. 이런 상황에서 어떻게 성향이 다른 팀원과 효과적으로 소통하며 조직의 성과를 이끌어 낼 수 있을까요?

팀장 고민, 스물네 번째

"저희 부서는 8명으로 구성된 소수 정예 팀인데, 대부분의 팀원들은 '좋은 게 좋은 거다'라는 식으로 서로 배려하고 이해하는 편입니다. 그런데 한 명의 팀원만은 성향이 완전히 달라요. 이 팀원은 계획적이고 규칙을 중시하며, 다른 팀원들이 자유롭게 행동하는 것이 이해되지 않는다고 말합니다. 저 역시 대부분의 팀원들과 비슷한 성향이라서, 이 팀원의 요구나 건의를 받아들일 때 힘든

> 순간이 많아요. 처음에는 이 팀원의 말을 잘 수용하고 반영하려고 노력했는데, 어느 순간 제 성향 때문에 그런지, 진심으로 받아들이기보다는 형식적으로 대응하고 있는 것 같습니다. '알았어, 그렇게 할게'라고 말하지만, 제 마음속에서는 피로도가 점점 쌓이고 있네요. 이 팀원과 진심으로 소통할 수 있는 방법이 있을까요?"

24th 고민과외 💬

팀장님, 팀원들 각각의 성향을 이해하고 조율하려고 노력하는 모습에서 팀장님이 얼마나 진심을 담아 팀을 이끌고 계시는지 느껴집니다. 특히 성향이 다른 팀원과도 원활하게 소통하기 위해 애쓰고 계신 부분이 인상적이에요. 우리가 함께 생각해 보면 좋을 것은, 팀장님의 고민이 과연 팀원 간의 '성향' 때문일까 하는 것입니다. 이 고민을 다루는 것에 있어서 성향보다 더 중요한 것이 누락되어 있지는 않을까 하는 생각이 드네요. 몇 가지 방향에 대해 함께 생각해 보겠습니다.

우선 성향보다는 콘텐츠(내용)와 콘텍스트(맥락)에 집중해 보세요. 저는 사실 팀장님의 팀에 지금 시급한 문제가 있다고 생각하진 않습니다. 그 이유는, 팀장님께서 문제가 발생하기 전에 사전예방을 잘하고 계시기 때문이죠. 문제가 수면 위로 드러나지 않게 하기 위해 이미 많은 노력을 기울이고 계세요. 해당 팀원의 건의 사항에 적절히 대응하고 조치를 취하고 있기 때문에 큰 문제가 터지지 않고 있는 것이죠. 다만, 이러한 노력들은 팀장님의 피로도를 높이고 있는 것 같습니다.

성향은 누구나 다를 수 있습니다. 그렇다 해서 그것 때문에 조직의 기준과 의사결정이 흔들려선 안 됩니다. 팀장은 팀원들의 성향을 참고는 하되, 분명한 콘텐츠와 콘텍스트를 갖고 팀장으로서의 주도성을 발휘해야 합니다.

즉, 이 팀원이 규칙과 관련된 건의를 하는 이유를 단순히 성향으로 치부하면 안 됩니다. 건의를 진지하게 받아들이고, 이를 개선할 기회로 삼아야 합니다. 건의는 누군가가 불편하거나 공정하지 못하다고 느꼈을 때 발생합니다. 그렇기 때문에 허투루 처리해서는 안 됩니다.

팀장님께서 이전보다 더 주도성을 발휘해 건의 사항을 재구성하시는 방법도 있습니다. 건의가 들어왔을 때는, 건의한 팀원의 성향보다 건의 내용(콘텐츠)에 집중해 보세요. 특히 해당 팀원이 건의 사항이 많다는 것은 그만큼 눈에 보이는 규칙들이 많다는 뜻입니다. 모든 규칙이 다 필요한 것일까요? 이 건의들을 통해 기존의 규칙을 재점검할 수 있는 기회로 삼아 보세요.

필요한 규칙은 더욱 강화하고, 불필요한 규칙은 과감히 삭제하는 것입니다. 없어도 일이 진행되었던 규칙들은 불필요한 것일 가능성이 큽니다. 이러한 과정을 통해 건의사항을 바탕으로 새로운 룰을 만들어 보세요. 이는 단순히 건의 사항을 반영하는 데 그치는 것이 아니라, 조직에 맞는 더욱 효율적인 기준을 만드는 과정입니다.

기존 팀원들도 룰을 새롭게 받아들이고, 팀 내 분위기 전환의 계기가 될 수 있습니다. 규칙은 지키기 위해서만 있는 것이 아니라, 필요에 따라 새롭게 만들어 나가는 것입니다. 팀장님께서 주도적으로 이런 역할을 수행하시면, 성향이 다른 팀원도 그 변화를 받아들이고 팀원들과의 조화 속에서 더 나은 성과를 창출할 수 있을 것입니다.

마지막으로, 다른 팀원들과 해당 팀원의 성향이 다르다고 해서 더 이상 성향을 문제화 하진 말아 주세요. 성향은 사람마다 다를 수 있지만, 업무 수행에 있어서는 팀원 모두가 동등하게 대우받아야 합니다. 특히 해당 팀원이 규칙과 관련된 건의를 많이 하는 것을 단순히 성향 때문이라고 생각하기보다, 그 건의 사항의 본질에 집중해야 합니다. 이 건의가 어떻게 팀의 성과에 기여할 수 있는지에 대한 방향으로 접근하는 것이 중요합니다.

기존에는 단순히 건의사항을 수용하고 전달하는 데 그쳤다면, 이제는 그 건의를 바탕으로 조직에 더욱 적합한 룰을 만들고, 이를 스탠다드화하여 팀 전체의 결속력을 강화하는 계기로 삼으세요. 이는 팀장님의 영향력이 더욱 확장된 상태에서 팀의 방향성을 명확히 제시하는 데 큰 도움이 될 것입니다.

팀원들의 성향은 더 이상 고려되지 않아도 좋을 것 같습니다. 이미 팀원들 서로 성향차이는 이해하고 있을 테니까요. 그리고 팀원들도 정확히 같은 성향은 없습니다. 서로 비슷한 성향들이 있을 뿐이죠. 지구상에 같은 사람은 없습니다. 성향으로 팀원 구성을 묶거나 더 이상 성향을 생각하느라 업무에 차질이 있어서는 안 됩니다. 팀 안에서 '성향'이나, '성격 차이'라는 표현이 드러나는 것을 줄이는 방법을 생각해 보도록 하시지요. 추가로 팀원들의 관점을 성향보다 업무에 더욱 집중할 수 있도록 팀장님의 평소 언어 패턴을 점검해 보시는 것도 좋을 것 같습니다. 팀원들은 팀장이 중요하게 생각하는 것과 말하는 것에 집중하기 마련이니까요. 이제 팀장님께서 새로운 룰을 강조하시고 다른 키워드를 표현하기 시작하면 빠른 시일 내에 이 이슈는 사라질 겁니다.

팀장님들의 '1:1고민과외' 리얼 후기

"새로운 팀원들과 업무를 시작한 지 얼마 되지 않았습니다. 그러다 보니 당연하게도 저에 대한 신뢰를 바탕으로 일을 하기보다는 팀장이니까 형식적으로 지시를 따를 뿐이었죠. 업무적 관계로 묶여 있으니까요.

김 박사님이 해 주셨던 말씀 중에 이러한 현재 관계의 구조를 이해하고 수용하는 것이 먼저라는 말씀이 제일 와닿았습니다. 팀원들이 제게 먼저 다가오지 않아서 약간 불만이었거든요. 팀원들의 팔로우십이 아쉬워서요.

그런데 '오히려 그 부분은 팀원분들 입장에서는 억울할 수도 있겠군요'라는 박사님 말씀을 듣고 머리 한 대 맞은 듯 띵! 했네요. 제가 먼저 팀원들에게 관심을 갖고, 그 관심을 진정성 있게 표현하는 것이 우선시되어야겠다는 깨달음이 있었습니다.

박사님과의 교육은 만족스럽다 못해 목소리를 듣는 것만으로도 충분한 위안과 위로를 받았습니다. 비대면 수업이었지만 눈을 보지 않아도 진심으로 대화할 수 있고, 충분한 울림을 느낄 수 있음에 감사한 시간이었습니다.

하루 10시간가량 치열한 근무 속에 오로지 '저만을 위한 교육, 두 시간'의 배려에 감사드립니다."

적극적으로 지시를 이해하고 수행하는 태도가 부족한 팀원 관리에 어려움을 겪으셨던 팀장님

문제는, 리더인 내가 문제라고 할 때 문제가 되는 것!
문제라고 명명할 때까지는 문제가 아닙니다.

8장

업무 환경 개선과 문제 해결

8.1
업무가 너무 많은데
건의해 봐야 2~3일 지나면 원점인 듯합니다

팀장이 일이 많은 요즘입니다. 과거 '과장-대리-주임-사원'의 직급체계에서는 지시하고 잘 확인하는 것이 팀장의 주요 업무였습니다. '팀장-팀원'의 직급체계가 대부분인 요즘, 프로젝트 단위의 업무패턴으로 팀장이 업무 과부하를 경험하는 것은 생소한 일이 아닙니다. 때로는 끝없는 업무의 압박 속에서 어떻게 시간을 나누고 효율적으로 일할 수 있을지 고민하게 되고, 상사에게 건의를 하더라도 그 해결책이 장기적으로 이어지지 않을 때 무력감을 느끼기도 합니다. 이러한 상황은 팀장으로서의 책임감과 업무의 질에 대한 부담을 더욱 크게 만듭니다. 과도한 업무량 속에서 팀의 성과를 유지하면서도 자신의 역할을 잘 수행하는 것은 많은 팀장들이 공통으로 겪는 고민일 것입니다. 이번 고민은 각기 다른 업무를 맡고 있지만 동일하게 과도한 업무량에 시달리는 두 분 팀장님의 사례입니다.

팀장 고민, 스물다섯 번째

"제 업무는 불만 고객을 처리하는 것입니다. 그런데 이제는 불만 고객분만 아니라 팀원들이 불만 업무를 처리하는 것을 관리하고, 모니터링하며 리스크를 관리하는 일까지 맡고 있어요. 이렇게 하다 보니, 본래 중요한 불만 고객 처리에 충분한 시간을 할애하기 어려워졌습니다. 업무 시간이 8시간인데, 그 안에서 불만 고객 처리, 팀원 면담과 코칭, 시스템 점검 등 할 일이 너무 많아요. 이번 달에는 점심시간도 일하면서 일을 진행했지만, 매번 이렇게 시간이 흘러가는 것이 별로 나아지지 않는 느낌이에요. 전무님께 이 문제를 상의했지만, 2~3일 지나면 다시 원점으로 돌아가는 것 같아 체념하게 되네요."

"저는 임직원 교육을 담당하는 팀장입니다. 팀원들의 교육 일정 수립과 교육 진행, 테스트 수행 및 결과 관리 등이 모두 제 업무 영역이죠. 특히 테스트 결과는 제게 중요한 KPI이기도 합니다. 하지만 문제는 실제 교육 내용은 실무 팀장들이 전달한다는 것입니다. 실무 팀장들에게 매번 잘 교육해 달라고 요청하지만, 이 부분은 그들의 KPI에 포함되어 있지 않다 보니 아무래도 진지하게 성과를 내는 관점에서 진행하시는 것 같지 않아요. 그렇다 보니 테스트 결과도 낮게 나오는 경우가 굉장히 많습니다. 교육 내용을 챙기는 것 외에 해야 할 일이 정말 많은데, 실제로 제 KPI에 영향을 미치는 교육 내용까지 신경 쓸 여력이 없어서 힘드네요."

> 부서의 임원 분에게까지 개선 요청을 했지만, 늘 '방법이 없다'는 답만 듣게 됩니다. 그래서 이제는 건의조차 하지 않게 되었어요."

25th 고민과외 💬

팀장님, 그야말로 분투하고 계시네요. 끝없는 업무 과부하 속에서도 길을 잃지 않으시고 치열하게 방향을 찾고 계시는 모습에서 아픈 책임감을 느낍니다. 고민을 듣는 내내 무거운 마음과 한숨이 와 닿아서 위로조차 해 드릴 수 없었어요. 그럼에도 제 의견을 말씀드리자면, 무거운 업무의 책임을 팀장님 혼자서만 짊어지려는 마음이 더 큰 부담을 만들고 있는 것 같습니다. 업무 과부하는 누구에게나 힘든 일이지만, 그 속에서 우리가 잃지 말아야 할 것은 전략적 접근과 공동의 목표를 인지한 소통입니다. 아래 몇 가지 제안을 통해 팀장님의 업무 부담을 조금이나마 줄일 수 있도록 도움을 드리고자 합니다.

업무 과부하 문제를 해결하기 위해서는 '표현'이 중요합니다. 표현하지 않으면 상대방은 결코 팀장님의 어려움을 이해하지 못합니다. 상위자인 전무님이나 교육 실장님께 다시 건의할 때도 무작정 '업무를 줄여달라'라고 요구하기보다는, 공동의 대명사를 찾아 표현하는 것이 효과적입니다.

예를 들어, '우리 팀의 유익', '센터의 유익', '회사의 대외 리스크 방지'

와 같은 공통의 목표를 언급하며 이 이슈가 상사들과 동떨어진 것이 아 님을 인식할 수 있도록 표현하면 상사들도 문제의 심각성을 더 잘 인 지하게 될 것입니다. 핵심은 '표현'에 있습니다. 팀장님의 고민은 단순 히 개인적인 부담이 아니라, 팀의 성과와 회사의 이익을 위한 것이기 때 문에 그 점을 강조하여 의지를 내셔서 다시 한번 논의하는 것이 좋겠 습니다.

고민을 털어놓으셨던 팀장님 중 한 분의 업무는 불만 고객 처리였습 니다. 다른 업무들에 에너지가 소모되다 보니 정작 핵심 업무에 충분한 집중을 하지 못하는 상황이 발생하는 것 같습니다. 따라서 우선 업무를 단계별로 나누어, 무엇이 가장 우선순위에 있는지 명확히 정리하고, 그 우선순위를 기준으로 시간을 배분하는 것이 필요합니다.

또한, 실무 팀장들이 팀원들을 제대로 교육하지 않아 팀장님께 부담 으로 돌아오는 상황도 있었는데요. 이럴 때는 팀장님께서 주도성을 발 휘하셔야 합니다. 실무 팀장들과의 소통에서, 왜 이 일이 중요한지, 팀 전체의 성과와 어떻게 연결되는지 설명하고, 필요하면 팀원들의 교육 효과를 높이기 위한 구체적인 피드백을 제공할 필요도 있습니다. 실무 팀장들에게도 이 일이 그저 추가적인 부담이 아니라 팀 전체의 발전에 기여하는 중요한 역할임을 인식시키는 것이 중요합니다. 그들에게 와 닿는 언어로 표현하는 것이 중요합니다.

건의를 했다고 해도 2~3일 지나면 원점으로 돌아간다고 느끼는 것은 큰 변화가 일어나지 않았기 때문일 수 있습니다. 그러나 작은 변화라도 인식하고 그것을 바탕으로 다시 논의하는 적극성이 필요합니다. 이전에 건의한 내용에서 조금이라도 나아진 부분이 있다면, 그것을 구체적으로 언급하면서 다시 상사에게 논의하세요. '2~3일 지나면 원점'이라는 표현이 아니라, '이렇게 작은 부분이라도 개선되었습니다. 이제는 다음 단계를 고민하고 싶습니다'라고 말하면, 더 나은 해결책을 모색할 수 있을 것입니다. 나아지는 부분을 있는 그대로 표현하면 상사에게도 자극과 학습이 이루어지게 됩니다. '아, 이 일이 이렇게 달라지기도 하는구나' 하고요. 상사가 팀장님의 이슈에 관여하실 수 있도록 이 일에 계속 끌어들이셔야 합니다. 상사는 팀장님만큼 이슈의 접점에 있지 않습니다. 계속 표현하셔야 합니다.

업무가 과도할 때는 모든 문제를 한꺼번에 해결하려 하기보다는, 각 업무에서 작은 부분이라도 부담을 줄일 수 있는 방법을 찾는 것이 중요합니다. 예를 들어, 불만 고객 처리에서 1시간씩 걸리는 부분을 어떻게든 10분이라도 줄일 수 있는 방법이 있는지, 팀원의 코칭 시간을 효율적으로 관리할 수 있는 방안이 있는지 검토해 보세요. 때로는 작은 변화가 큰 차이를 만들기도 합니다.

8.2
직무 교육 팀장인데요,
직원들이 교육받길 싫어해요

교육을 맡고 있는 팀장들은 종종 직원들이 직무 교육을 반기지 않거나 그 중요성을 잘 이해하지 못하는 상황에 직면하게 됩니다. 새로운 직무를 맡게 될 때마다 직무 교육의 필요성을 느끼고 그 가치를 전달하려 해도, 구성원들이 그 중요성을 잘 인식하지 못하거나 학습에 대한 동기가 부족할 때는 교육의 효과를 높이기가 어렵습니다. 이번 고민에서는 이러한 문제를 어떻게 해결할 수 있을지에 대해 이야기하고자 합니다.

팀장 고민, 스물여섯 번째

"저는 현재 업무 교육 파트를 맡고 있는 직무팀장입니다. 승진한 후 직무 쪽 일을 맡게 되면서 전사 구성원들의 직무 능력을 높이기 위해 교육을 계획하고 있습니다. 중요한 것은, 저뿐만 아니라 구성원들도 직무 학습에 투자할 시간과 나름의 필요성을 느끼는 것이 중요하다고 생각합니다. 그런데 제 생각에는 대부분의 구성원들이 직무 숙지를 위해 시간을 할애하고 싶어 하지 않는 것 같아요.

직무 교육을 제대로 수용할 동기를 어떻게 높일 수 있을까요?"

26th 고민과외 💬

팀장님, 가르치는 사람의 본질적 고민을 언급해 주셨어요. 저 역시 코치로서 많은 강의를 하며 교육현장에서 경험하는 고민이기도 합니다. 구성원들의 직무 학습에 대한 참여를 유도하고 그들의 학습 동기를 높이고자 하시는 팀장님의 방향성이 매우 분명하시네요. 특히 직무 교육은 회사와 팀의 성장뿐만 아니라 팀원 개인의 성장에도 중요합니다. 하지만 구성원들이 교육을 대하는 적극성을 높이고 참여를 높이는 것은 쉽지 않지요. 본인의 일들을 처리하기도 바쁘다고 말하는 구성원들의 교육을 대하는 수동적 태도가 답답하게 느껴지실 것 같아요. 지혜가 필요합니다. 몇 가지 접근 방법을 통해 구성원들의 수용도와 학습 동기를 높일 수 있는 방법을 함께 모색해 보시죠.

첫 번째로, 구성원마다 직무 학습에 대한 인식과 준비 정도가 다르다는 점을 인정하는 것이 중요합니다. 보편적으로 팀원들은 매우 개인화된 성향이며, 각자의 역량과 직무 숙지 수준에 차이가 있습니다. 이 점을 염두에 두고 직무 교육을 계획하고 제공해야 합니다.

제가 어느 스타트업을 코칭했던 당시에도 이 점이 중요하게 작용했습니다. 팀원들마다 직무를 숙지하고 있는 정도가 다르기 때문에, 모든 사람에게 동일한 방식으로 교육을 제공하는 것보다는 각자의 수준에 맞춘 접근이 필요했습니다. 회사 역시 팀원 개개인의 장단점을 데이터화하고, 이를 바탕으로 업무 효율을 높이는 것이 중요합니다.

제가 코칭했던 또 다른 한 기업에서는 매달 구성원들의 직무 능력 향상을 위해 시험을 치렀습니다. 하지만 이러한 방식은 다소 올드한 접근법이었고, 구성원들에게 직무 학습의 필요성을 충분히 전달하지 못한 채 강압적으로 이루어졌습니다. 이런 방식에서는 대부분의 구성원들이 직무 학습을 짜증스럽고 힘든 일로만 여겼고, 진정으로 학습의 필요성을 느끼지도 못했습니다.

중요한 것은, 직무 학습이 왜 필요한지를 구성원들이 계속 인식하도록 돕는 것입니다. 교육 자체가 구성원들에게 어떤 의미가 있는지, 왜 중요한지에 대한 인식을 심어 주는 과정이 필요합니다. 이를 위해 지속적으로 접점을 만들어야 합니다. 제가 코칭을 했던 금연 사례를 예로 들어 볼게요. 코칭 초기에는 금연을 하겠다고 선언하고 심지어 제 앞에서 담배를 버리는 퍼포먼스까지 보였던 고객도 며칠 뒤에는 다시 담배를 피우곤 했습니다. 그러나 이 분은 결국 나중에는 금연에 성공하게 되었는데, 이것은 코치인 제가 고객의 목표를 포기하지 않고 코칭 안에서 금연을 위한 고객의 인지를 지속적으로 강화하는 접근을 했기 때문입니다. 해야 하는 걸 알고 있는데, 잘 안 되고 있는 것뿐이거든요. 누군가가 포기하지 않고 연결된 채 인식을 강화하도록 도와주고 있으면 언젠가는 좋은 결과가 나타나더라고요.

이와 마찬가지로, 직무 학습의 필요성을 직원들에게 계속 인지시키는 것이 중요합니다. 이를 위해 체크리스트처럼 가벼운 접근을 시도해 볼 수 있습니다. 시험보다 훨씬 부담 없는 방식이거든요. 직원들에게 자신이 무엇을 알고 무엇을 모르는지를 체크하게 하여 학습에 대한 메타 인지를 높이는 것입니다. 이런 인지의 접점이 만들어지면, 이후에 직무 교육을 열 때에도 직원들의 집중도가 훨씬 높아지게 됩니다.

또한 교육을 시작할 때 가장 중요한 것은, 교육을 받는 사람들이 이 교육을 왜 받아야 하는지에 대해 충분히 이해하고, 자신에게 필요한 것임을 인식하는 것입니다. 교육을 시작하기 전에 팀원들에게 '지금 이 교육이 너희들에게 왜 중요한지', '이 교육이 왜 필요하다고 생각하는지'에 대해 질문해 보는 것이 좋습니다. 이렇게 하면 교육을 수동적으로 듣기보다는 적극적으로 그 의미를 찾으며 참여할 가능성이 높아집니다.

교육업무는 어느 조직이던 담당하는 팀장님의 애정과 관심에 따라 그 구성과 범위가 많이 달라집니다. 팀원들이 바쁜 업무가운데 교육에 시간을 할애하도록 하는 것, 직무역량을 높이는 것에 관심을 갖도록 이끄는 것, 실제로 직무역량이 높아지도록 교육하는 일, 모두 팀장님의 열정과 책임감에 따라 색깔과 강도를 달리하게 되지요. 팀장님의 고민과 노력들이 업무 만족과 보람으로 선순환되길 소망하며 응원합니다.

8.3
2개월간
5명이 퇴사한 조직의 팀장입니다

팀의 방향을 올바르게 이끌고자 노력하지만 팀 내에서 예상치 못한 어려움이 발생했을 때, 특히 다수의 팀원이 퇴사하는 등 심각한 문제가 발생했을 경우, 팀장은 극심한 부담을 느낄 수 있습니다. 이런 상황에서 팀장으로서 위기 상황을 어떻게 해결할 수 있을까요?

팀장 고민, 스물일곱 번째

"저희 부서는 12명의 팀원으로 구성되어 있었는데, 최근 2개월 동안 5명이 퇴사를 했습니다. 팀원들 중 상당수가 빠져나가면서 팀의 사기는 떨어지고, 남은 7명으로 목표를 달성해야 하는 상황입니다. 퇴사한 팀원들은 그나마 업무를 잘해 주던 사람들이었기에, 남은 인력으로 업무 흐름에 문제가 없도록 유지하는 것이 너무 어려운 상황입니다.

처음에는 팀원들에게 동기부여를 위해 매일 '조금만 더 힘내자' 하고 독려하며 소통했지만, 오히려 팀원들의 스트레스만 가중시키는

> 결과를 초래했습니다. 남겨진 팀원들에게 미안하기도 하고 잘해주고 싶어서 다가간 거였는데 팀원들이 저에게 '부담스럽다'라고 말하더군요. 결국 저는 소통 방식을 바꿔야겠다고 결심하게 되었습니다. 하지만 상황이 이렇다 보니 이 문제를 어떻게 해결해야 할지 막막하고, 혼자 해결해 나아가야 한다는 압박감과 외로움에 힘든 상태입니다."

27th 고민과외

팀장님, 이런 상황은 일반적이라 하긴 어렵습니다. 짧은 기간 동안 5명이 퇴사를 하다니요. 제게도 드문 코칭 사례라 할 수 있습니다. 많이 당황스럽고 힘겨우실 것 같습니다. 그럼에도 남은 팀원들을 다독이며 하실 수 있는 최선을 다하고 계신 모습이 그려집니다. 빠른 시일 내에 팀이 정상화되는 데에 도움이 되실 수 있도록 몇 가지 제안을 드리도록 하겠습니다.

그전에 먼저 팀장님께 당부드립니다. 현재 상황에서 가장 중요한 것은 팀장님 혼자 모든 짐을 안고 계시지 않는 겁니다. 다수 팀원들의 퇴사로 인한 팀 위기상황을 맞이하신 것은 맞습니다. 하지만 이 일을 처리하는 방향이 혼자여서는 안 됩니다. 이 문제를 팀 내부에서만 다루며 팀장님 혼자 해결해 보려 하시기보다는 동료 팀장이나 소속 상사에게 오픈하며 지혜를 모아야 합니다. 때로는 그보다 더 과감한 행동이 필요하기도 합니다. 이 문제를 확장시켜 조직 전체의 문제로 접근하여 상사와 상의를 하는 방향도 고려해 보세요.

우선, 문제를 확장하여 팀 내에서만이 아닌 조직 전체의 문제로 공유하는 것이 필요합니다. 지금은 핵심 인력들의 퇴사로 팀 전체가 흔들리는 상황입니다. 팀장 개인적인 차원이 아닌 조직 차원에서 지원을 받아야 하는 문제로 확대해야 합니다. 팀장님께서 상위 상사나 임원에게 도움을 요청하지 않고 혼자 해결하려고 하신다면 지금보다 더 큰 위기를 맞게 되실 수도 있습니다. 하지만 이 문제를 솔직하고 철저하게 모두 오픈하고 지원을 요청하면, 위기를 기회로 전환할 수 있습니다. 임원분과 협의의 과정을 진행하며 추가 인원이 배치될 수 있도록 현실적인 논의를 시작하셔야 합니다. 관련 부서에 임원분과의 협의 내용을 공유하며 추가 인원 배치의 전 과정에 밀도 있게 참여하도록 하세요. 큰 위기의 상황이긴 하지만 지금은 팀장님의 의사결정과 리더십 전반의 역량을 드러낼 수 있는 기회가 될 수 있습니다. 평정심을 되찾고 속도감 있게 해결의 과정을 매끄럽게 해 나가는 것이 중요해 보입니다.

또한, 팀 분위기를 바꾸기 위한 구체적인 노력도 필요합니다. 팀을 정상화하기 위한 팀장님의 노력들과 상위자와의 협의사항, 관련 부서를 통해 진행되고 있는 내용들을 꼼꼼히 팀원들과 공유하시기 바랍니다. 남겨진 팀원들의 불안감에 관심을 기울이시기 바랍니다. 그렇다고 해서 맹목적으로 팀원들을 불안을 달래기 위해 과한 회식을 하거나 단합 모임을 계획하시기보다, 현재의 상황을 팀원들에게 투명하게 소통하는 것이 우선이 되어야 합니다. 팀원의 입장에서는 퇴사한 팀원들이 남기고 간 업무들을 본인들이 맡게 될까 하는 염려가 있기 마련입니다. 이 부분에 대해 팀장님 스스로 정확한 방향과 전략을 세우시고 난 후, 1:1로 팀원들과 면담하며 분명한 소통을 하셔서 팀원들의 염려를 줄여 나가시기 바랍니다. 추가로 팀원들에게 무리한 목표를 요구하기보다, 그들의 성과에 관해 작은 것부터라도 인정하고 격려하는 문화를 형성해 나가야 합니다. 예를 들어, 팀원들이 업무를 성공적으로 수행할 때마다 작은 축하를 하는 이벤트를 만들거나, 긍정적인 피드백이 주를 이루는 회의를 개최하여 팀 사기가 하락하지 않도록 신경을 써 주세요.

마지막으로, 팀장님 스스로 상위자에게 정기적인 보고를 진행해 나가야 합니다. 심각한 문제가 생긴 것에 대한 마음의 잔재들을 뒤로 하고, 앞으로 나아가십시오. 리더에게 문제가 생기는 것은 당연한 겁니다. 문제를 처리하는 것이 리더의 역할입니다. 팀장님은 팀장님의 본연의 일을 하고 계신 겁니다. 할 수 있는 역할을 성실하게 해 나가시면 됩니다. 이 문제는 팀이 아닌 그룹 혹은 조직전체의 차원으로 공유해 가며 다양한 협조를 받아 해결책을 모색하는 것이 필요합니다. 나아지고 있는 것은 무엇인지 그렇지 않은 것은 무엇인지 구분하며 보고를 통해 위기를 회복의 스토리로 빌드 업 해 나가시기 바랍니다. 팀원들과 정기적으로 아이디어를 모으시고, 상위자와 소통해 주세요. 지금은 오히려 팀장님의 귀중한 역량이 드러나는 타이밍이자 기회가 될 수 있습니다. 용기를 잃지 마세요.

8.4
업무상 실수를
없애고 싶습니다

업무를 하다 보면 누구나 실수를 하게 마련입니다. 특히, 많은 사람에게 중요한 정보를 전달해야 하는 역할을 맡은 팀장이라면, 실수로 인해 생기는 압박감은 클 수밖에 없습니다. 실수를 줄이고, 업무의 완성도를 높일 수 있는 방법을 고민하는 것은 누구에게나 중요한 성장 과정이 될 수 있습니다.

팀장 고민, 스물여덟 번째

"저는 지원부서 팀장입니다. 주 업무는 직원들의 평가 관련 데이터, 성과, 인센티브 등의 자료를 준비해 비즈니스 이메일로 전달하는 것입니다. 이 자료들이 현장 직원들에게 전달될 때, 내용상 오류가 있거나 표현이 부족할 경우 오해를 불러일으킬 수 있습니다. 8개월 전 부임해서 실수를 줄이기 위해 노력해 왔고, 실수 횟수는 줄고 있긴 하지만 여전히 실수가 발생하고 있습니다. 실수로 인한 항의가 들어올 때마다 자책을 하게 되고, 마음의 부담이 큰 편입니다.

실수를 완전히 없앨 수 있는 방법이 있을까요?"

28th 고민과외

팀장님, 부임하시고 8개월이 흘렀네요. 혹여 8개월이나 되었는데 아직도 업무가 미숙하다는 생각에 빠져 있지는 않으세요? 시간이란 사람에 따라 상대적인 가치라고 생각합니다. 8개월은 업무가 능숙해지는 데에 길다면 길고, 짧다면 짧은 애매한 시간입니다. 무엇보다 최선을 다해 업무의 완성도를 높이기 위해 애쓰고 계시니 차차 좋아지실 겁니다. 팀장님 외에도 인사개편이 이루어지고 난 후 많은 팀장님들께서 실수를 줄이기 위해 노력하고, 그 과정에서 자책하거나 마음의 부담을 느끼기도 하세요. 팀장님이 실수를 완전히 없애고 싶다는 강한 의지를 가지고 계시기에, 도움이 될 만한 몇 가지 팁을 공유해 드리도록 하겠습니다.

먼저, 실수를 줄이기 위한 사전 준비에 대해 말씀드리겠습니다. 자료의 기본 틀을 미리 준비해 두는 것이 매우 효과적입니다. 팀장님께서 작성하는 자료의 기본적인 틀과 문구들을 미리 만들어 놓고, 필요할 때마다 빠르게 현행화하여 사용할 수 있도록 준비해 두세요. 이렇게 하면 매번 새로운 자료를 작성하는 데 드는 부담을 줄이고, 전달의 본질적인 부분에 더 많은 에너지를 집중할 수 있습니다. 또 다른 중요한 부분은 크로스 체크입니다. 내가 작성한 자료나 이메일의 내용이 다른 사람에게도 명확하게 전달되는지를 확인하기 위해 동료나 팀원들로부터 자주 피드백을 받는 것이 좋습니다. 사전에 동료들의 피드백을 통해 오해의 소지가 있는 부분을 발견하고 수정한다면, 실수를 미연에 방지할 수 있을 것입니다.

또한, 실수가 발생했을 때의 사후 처리 방법도 중요합니다. 실수가 발생했을 때는 비즈니스 이메일을 통해 문제를 해결하려 하기보다는, 직접적인 소통을 시도하는 것이 효과적입니다. 해당 직원에게 직접 찾아가서 얼굴을 마주하고 솔직한 마음으로 소통하는 것을 추천합니다. 이렇게 하면 오해를 바로 풀 수 있고, 신뢰를 회복하는 데 큰 도움이 됩니다. 직접 대면하여 대화하는 방식은 상대방에게 진정성을 전달하는 좋은 방법이며, 실수로 인해 생긴 문제를 빠르게 해결할 수 있게 해 줍니다. 실수했다면? 일어나서 움직이세요.

무엇보다 자신의 실수를 바라보는 관점을 바꾸는 것이 중요합니다. 실수는 능력의 부족을 의미하지 않습니다. 오히려 성장할 수 있는 기회가 됩니다. 주요 대기업의 여러 부서에서도 실수는 매일 발생합니다. 중요한 것은 실수를 포용하고 그 속에서 배우는 태도를 갖추는 것입니다. 팀장으로서 중요한 것은 실수를 두려워하지 않고, 그것을 배움의 기회로 삼아 더 나은 방향으로 나아가는 것입니다. 실수는 불완전함의 증거가 아니라, 배울 것이 있다는 증거로 받아들여야 합니다.

마지막으로, 팀장의 성품이 업무의 완성도를 결정짓습니다. '업무는 결국 성품으로 하는 것'이라는 어느 팀장님의 말씀이 떠오르네요. 능력보다 중요한 것은 팀장님의 성품으로 팀의 신뢰감이 상승하고 함께 일하고 싶은 환경을 만드는 것입니다. 미리 보내는 이메일에 '실수가 있을 수 있습니다'라는 의미의 문구를 적어 넣어 놓고, 틀린 부분이 있다면 이야기해 달라고 정중히 부탁하는 것은 진솔한 태도를 보여 줄 수 있는 좋은 방법입니다. 매너 있게 부탁하고, 실수를 인정하며 나아지려고 하는 자세는 모든 리더에게 귀감이 될 것입니다.

팀장님들의 '1:1 고민과외' 리얼 후기

"아…. 이거 얘기 꺼내기 직전까지만 해도 세상 가장 큰 난제였는데요. 김지엘 박사님으로부터 교육받고 나서 완전 각이 잡혔습니다. 이제야 제가 뭘 해야 할지 방향이 분명해 졌어요.

사실 승진자 공지 뜬 거 확인하고 우리 본부 사람들 다 환호했거든요. 제 승진에 다들 놀라긴 했지만 축하해 주시는 분위기였으니까요. 그런데 그 선배만은 표정이 일그러지더라고요. 그리고 인사개편이 진행되었고, 그 선배가 제 본부 소속으로 들어와 있는 거 확인하고는 저도 표정이… 너무 불편했어요. 선배가 저 신입 때 사수이기도 했고요. 이 불편함을 어디다 말도 못 하겠고, 그날 이후 선배가 저를 슬슬 피하는 것 같기도 하고, 뭐 저도 예전 같은 마음은 아니니까요. 근데, 일은 추진해야 하니 고민이 되었죠. 선배가 맡은 팀의 프로젝트가 저희 본부 KPI에서 차지하는 비중이 되게 높거든요.

박사님께서 '팩트와 해석'으로 제 생각들을 모조리 정리해 주셨고, 이후 '내가 그에게 원하는 것'을 분명히 하는 단계에서는 이 고민이 절대 큰 것이 아니었다는 성찰도 있었습니다. 저는 그저 그 선배에게 원하는 게 '빠른 업무숙지와 집중도'뿐이었다는 걸 발견했으니까요.

특별히 박사님과의 교육 이후 제게 여전히 크게 남아 있는 건, 박사님이 하셨던 말씀들 중, "관계가 일을 하는 거예요"(관계의 힘)라는 말씀입니다. 그 말씀을 기반으로 생각하니 우리 본부를 리딩하기 위한 거대한 방향이 잡히는 느낌이 들었고, 제가 지금부터 신경 써야 하는 것은 팀장들과의 상호작용을 통한 협력과 시너지를 극대화하는 것이라고 정리가 되었습니다. 선배에게는 그냥 제가 먼저 말 걸면 될 것 같습니다. 문제 같지도 않은 일을…. 제가 참 어리석었네요."

임원승진으로 본부 세부 운영과 대인관계들로 고민하던 팀장님

올바른 건의를 하는 방법!?
'상대중심'
내 눈을 떼어 상대의 눈에 붙이고,
그 눈으로 보듯 현재의 상황을 바라보세요.
건의의 질이 달라질 겁니다!

9장

이슈 해결을 위한 팀장 가이드

9.1
퇴사 면담을 잘해서
퇴사자의 마음을 되돌리는 방법

신입사원들을 육성하고 그들의 정착을 돕는 일은 팀장으로서 중요한 업무입니다. 하지만 최근 들어 MZ세대 신입사원들의 퇴사율이 증가하고 있어, 퇴사를 막아 보라는 회사의 요구가 리더에게는 부담스러운 것도 사실입니다. 면담을 잘해서 신입사원들의 퇴사를 막고 퇴사율을 떨어뜨리고 싶은 마음이 굴뚝같지만, 실제로 어떻게 면담을 해서 퇴사 반려까지 완수할 수 있을지 생각해 보면 막막할 수 있습니다.

팀장 고민, 스물아홉 번째

"저는 신입사원을 육성하는 부서의 팀장을 맡고 있습니다. 최근 MZ세대 신입사원들은 우리 때와는 다르게 조금만 일해 보고 쉽게 그만두는 경향이 있는 것 같습니다. 회사에서는 이들의 퇴사율이 늘어나는 것을 우려해서 제게 퇴사를 막아 보라고 하는데, 솔직히 쉽지 않은 일입니다. 퇴사 면담을 통해 퇴사를 반려하고 싶은데, 어떻게 해야 할지 막막합니다."

29th 고민과외

팀장님, 일단 결론부터 말씀드리겠습니다. 이미 퇴사를 결정한 신입사원을 막는 일은 쉽지 않을 겁니다. 신입사원들도 이미 성인으로서 각자의 배경, 환경, 경험, 정보들을 토대로 결정을 내린 것이기 때문에, 그들의 결정을 되돌리는 것은 쉽지 않습니다. 특히 대다수의 신입사원들은 퇴사 결정을 내리기 전에는 별다른 언급을 하지 않고 있다가, 결심을 한 후에야 이를 리더에게 이야기하는 경향이 있습니다. 그러니 퇴사 반려를 하지 못했다고 해서 팀장님이 부족하거나 능력이 없다는 생각은 버리셔도 됩니다. 또한, 퇴사 반려에 성공한다고 해서 그 신입사원이 회사에 잘 적응하고 성공적인 구성원이 될 것이라고 확신할 수 없는 경우도 많습니다. 때로는 지금의 이별이 더 좋은 결과를 가져올 수 있다는 점도 기억해 주세요.

과거의 많은 팀장님들은 퇴사 의사를 밝힌 신입사원들에게 본인의 경험을 이야기하며 그들의 마음을 돌리려는 시도를 많이 하셨습니다. 하지만 요즘은 그런 시도들이 썩 효과적이지는 않습니다. 예를 들어 보겠습니다. 해외 판매법인을 지원하는 조직에서 한 신입사원이 "지금의 업무가 제게 너무 어렵고 두렵다"라며 퇴사를 언급했을 때, 팀장님은 본인의 과거 경험을 이야기하며 신입사원의 두려움을 덜어 주려 시도하셨습니다. 하지만 그 신입사원은 팀장님의 경험을 듣고도 "팀장님은 가능했을지 모르지만, 저는 아닙니다"라고 반응했다고 하더군요.

특히 요즘 세대는 '나 중심'으로 생각하는 것이 일상화되어 있다고 합니다. 좀처럼 타인의 이야기에 쉽게 감동하거나 자신의 상황과 비교하지 않는다고 합니다. 팀장님의 경험담을 나누는 것은 이 일에 크게 도움이 되지는 않을 겁니다. 대신에 면담이 시작되었다면 팀장님 본인의 스토리는 접어 두시고 온전히 신입사원에게 집중하고, 그들의 이야기를 중심으로 대화하는 것이 중요합니다. 신입사원의 이야기에 귀 기울이고, 그들의 입장에서 그들이 무엇을 원하는지 파악하며 몰입하는 것이 필요합니다. 이것은 퇴사 반려의 성패를 떠나 팀장님 본연의 업무이며, 회사에서 어느 누구라도 신입사원들을 위해 제공해야 할 임무입니다.

입사 후 첫 달은 신입사원의 적응에 있어 가장 중요한 시기입니다. 이 시기에 신입사원들에게 안정감을 주고, 그들이 회사에 잘 적응하고 있다는 느낌을 받을 수 있도록 도와주는 것이 필요합니다. 신입사원들은 자신이 잘 배우고 있는지, 잘해 나가고 있는지를 항상 궁금해하며 동시에 불안해합니다. 바로 이 부분에서 팀장님의 역할이 중요합니다. 팀장님께서는 신입사원들에게 그들이 점진적으로 업무가 향상되고 있음을 인식시켜 주는 것이 좋습니다. 예를 들어, "처음 입사했을 때보다 지금 이 부분이 나아졌어"라든지, "평균적으로 이 시점에서는 대부분은 이런 정도인데, 너는 이 부분이 더 나아"와 같이 그들의 성장을 구체적으로 인정하고 격려하는 방식으로 안정감을 제공해야 합니다.

또한 신입사원이 회사를 다니는 이유를 명확히 하도록 돕는 것이 중요합니다. 입사 후 첫 달 내에 신입사원과 면담을 통해 그들이 원하는 것을 찾을 수 있도록 촉진해야 합니다. 단순히 "왜 회사를 다니니?"라고 묻기보다는 "1년 후 네가 바라는 최고의 모습은 무엇이니?"와 같은 질문을 통해 그들이 원하는 미래의 모습을 그리게 하고, 스스로 목표 설정에 다가가도록 촉진하세요. 신입사원의 대답을 듣고 난 후, "그게 너에게 중요한 이유가 무엇이니?"라고 질문해 보세요. 이 질문을 통해 신입사원의 진짜 가치를 이끌어 낼 수 있습니다. 신입사원의 가치가 드러날 때, 팀장님과 신입사원 간의 관계는 더 깊이 설정되며, 이는 상호교류의 시작이 됩니다.

이와 더불어, 신입사원의 장점을 찾아 주는 것도 중요합니다. 팀장님께서 신입사원을 육성하고 본부서로 보내기 전까지 해야 할 역할은 크게 두 가지입니다. 첫째는 그들이 회사를 다니는 이유를 분명히 할 수 있도록 하는 것이고, 둘째는 배치될 본 부서에서 발휘할 수 있는 자신의 탁월성을 명확히 하는 것입니다. 이를 위해 신입사원과 대화를 나누며 그들의 노력과 발전을 구체적으로 인식시키고, 그들이 가진 장점을 인정하고 칭찬해 주세요. 예를 들어, "네가 그 부분까지 설명하는 것을 보고 각별히 분석력이 훌륭하다는 생각이 들더라. 어떻게 생각해?"라고 구체적으로 표현해 보세요.

마지막으로, 신입사원들의 시선은 늘 선배인 팀장님을 향해 있을 겁니다. 팀장님께서 회사에서 잘 지내는 모습 그 자체가 신입사원들에게는 가장 큰 동기부여가 될 겁니다. 팀장님 자신이 행복하고 보람차게 일하는 모습을 보여 주는 것이 매우 중요합니다. 팀장이 회사에서 기쁨을 느끼고, 회사에 대한 만족도가 크다면, 신입사원들도 자연스럽게 긍정적인 영향을 받을 것입니다. 신입의 시기에는 팀장님을 통해 미래를 그리게 되기 때문이죠. 팀장님이 행복하게 일하시면, 신입사원들도 그 모습을 보고 "나도 저렇게 되고 싶다"라고 생각하게 됩니다. 결국, 본질적으로 팀장님이 행복하고 만족스러운 모습이 신입사원들의 퇴사를 줄이는 데 큰 역할을 할 수 있습니다.

9.2
저는 부정적인 이슈가
오랫동안 지속되고 있는 조직의 팀장입니다

부정적인 이슈가 지속되고 있는 조직을 이끌어 가는 일은 큰 도전입니다. 팀원들 간의 관계가 원활하지 않고, 조직 내의 갈등이 오랫동안 해결되지 않은 상태에서, 팀장님께서는 팀의 분위기를 개선하고자 다양한 시도와 노력을 기울이셨을 것입니다. 팀장으로서 추가로 어떤 역할을 수행하는 것이 옳을지 많이 고민이 되실 겁니다. 이런 상황에서 때로는 더 나은 방법을 찾기보다 팀장님 자신의 깊은 성찰과 관점을 새롭게 하는 것이 도움이 될 수도 있습니다.

팀장 고민, 서른 번째

"저희 부서는 10~15명으로 구성된 지점인데, 오랜 시간 동안 팀 내 소통이 잘 안되고 그에 따라 실적도 썩 좋지 않은 부정적인 이력이 쌓여 있습니다. 팀원들 간에 파벌이 형성되어 있고, 그룹별로 목소리를 내다 보니 이러한 부분들이 업무의 흐름에도 영향이 됩니다. 지점장이 교체되었지만 상황은 나아지지 않았고, 팀원들은

> 여전히 소통이 부족하다고 느끼고 있습니다. 팀원들은 자신들의 요청이 받아들여지지 않으면 소통이 불통이라고 생각하며, 조직 내에서 자신의 의견이 무시된다고 느끼고 있습니다. 제가 이 문제를 해결하려고 노력했지만, 한계에 부딪친 것 같습니다. 조직 분위기가 화기애애하지 않고, 팀장으로서 더 이상 무엇을 해야 할지 막막한 상태입니다."

30th 고민과외 💬

팀장님, 오랫동안 힘겨운 노력을 해 오고 계시네요. 이 정도로 팀 조직 문화가 부정화되어 있다면 회식 한번 할 때에도 팀원들 눈치를 봐야 하고, 업무상 팀원별 역할을 부여할 때조차 누가 누구랑 친하고 아니고의 여부를 먼저 떠올리시게 될 것 같아요. 이 문제는 팀장님이 모든 문제를 혼자 해결하려는 부담을 내려놓고, 팀을 바라보는 관점을 전환하며 스스로 할 수 있는 역할에 집중하는 것이 중요합니다. 팀장님께서 실질적으로 취할 수 있는 몇 가지 제안을 드리도록 하겠습니다.

우선, 팀원들 모두가 성인이라는 점을 잊지 말아야 합니다. 팀원들은 저마다 자신의 경험과 관점에 비추어 상황을 해석하고, 팀장의 말을 이해합니다. 팀장님께서 아무리 좋은 의도로 말하고 행동하더라도, 각 팀원이 이를 받아들이는 방식은 다 다를 수 있습니다. 핵심은 팀장이 조직을 변화시키는 것이 아님을 인지하는 것입니다. 특별히 팀장님 스스로 조직에 성급한 기대를 하지 않는 것이 중요합니다. 기대가 크면 실망도 커집니다. 조직 문화가 저해되는 원인 역시, 누군가 과도한 기대를 하고 그것이 이루어지지 않았을 때 생긴 실망감에서 비롯되었을 가능성이 큽니다. 팀장님께서는 이 문제를 본인의 힘으로 해결할 수 있을 것이라는 기대를 내려놓고, 현실적인 접근을 하는 것이 필요합니다.

팀장님께서는 선을 정하셔야 합니다. 현재 팀 분위기와 조직 문화는 팀장님이 만든 것이 아니며, 그 책임을 팀장님께서 혼자 짊어지실 필요는 없습니다. 따라서 팀장님께서는 자신이 할 수 있는 일과 할 수 없는 일에 대한 선을 명확히 정하고, 한계를 받아들이셔야 합니다. 예를 들어, 한 번도 빠짐없이 3년 내내 성적 하위권인 고등학생이 내일 수능을 보고 갑자기 서울대에 진학할 수 있을 거라 믿는다면 비현실적인 것이겠지요. 팀장님께서 해 오신 노력들이 모조리 쓸데없다고 생각할 필요는 없습니다만 팀장님의 노력으로 인해 반드시 상황이 변해야 한다는 기대를 갖지는 말아 주세요. 대신 현실적인 목표를 세우는 것이 중요합니다. 팀원들의 성과를 돕는 것이 팀장의 역할이며, 성과 그 자체는 팀원의 실행에 의해 결정됩니다. 팀장님 본인이 할 수 있는 과정에 충실하고, 결과는 과감히 맡기도록 해 주세요.

그리고 이러한 과정을 상위자와 측근들에게 공유해야 합니다. 결과보다 과정입니다. 결과에 대한 기대보다는, 과정에 충실한 팀장님의 행동을 표현하고, 그 과정을 정기적으로 브리핑하는 것이 중요합니다. 표현은 큰 힘을 갖고 있습니다. 말로 표현하는 순간, 생각이 바뀔 수 있습니다. 팀장님께서 충실하게 자신의 역할을 해 나가고 있음을 상위자와 주변에 이야기함으로써, 주변의 인식이 새로워질 것이고 현실적 도움을 요청할 수 있는 토대가 마련될 것입니다. 조직은 살아 움직이는 유기체와 같습니다. 팀장님의 표현은 상위자와 조직에 영향을 미치게 됩니다. 팀장님의 말을 들으면 함께 궁리하게 될 것입니다. 물론 상위자가 팀장님의 표현들에 곧바로 당장 달라질 것이라는 기대는 하지 않으시는 것이 좋습니다. 하지만 팀장님의 표현은 쌓여 가면서 상위자의 인식이 재조정되도록 촉진할 수 있고, 이를 관찰하는 팀원들의 생각과 태도에도 자연스럽게 자극을 부여할 수 있습니다. 팀원들은 이 일을 해결하고자 부지런히 움직이는 팀장님을 보고 있습니다. 이쯤 되면 이 일을 팀원들과 솔직하게 소통하셔도 좋습니다.

팀장님께서는 과정 중심의 역할을 충실히 해 나가야 합니다. 나아가 상위자와 팀원들에게 지속적으로 피드포워드와 피드백을 제공하며, 서로 영향을 주고받는 구조를 만들어 나가야 합니다. 이 과정 자체가 조직에 서서히 긍정적인 영향을 미치게 될 것입니다. 결국 팀장님께서 이 과정을 통해 경험하는 모든 일은 팀장님께 리더로서의 중요한 자산이 될 것입니다.

9.3
책임을
나누는 방법

팀원 개개인의 근태 관리와 그에 따른 조직적 부담을 다루는 일은 복잡하고 에너지를 많이 소모하는 작업입니다. 특히 팀원의 장기적인 결근 문제와 그로 인한 팀 전체의 성과 저하 문제는 팀장에게 큰 스트레스를 유발할 수 있습니다. 팀원에게 이해와 지원을 아낌없이 제공하지만, 그 과정이 오래 지속되면서 팀장이 지치고, 이 상황을 어떻게 극복해야 할지 막막한 순간이 올 수 있습니다.

팀장 고민, 서른한 번째

"저희 팀에 장기간 아프다고 하면서도 퇴사는 하지 않겠다고 하는 팀원이 한 명 있습니다. 이 팀원은 장기적인 결근 상태에 있으며, 아프다는 이유로 저와 긴 시간 동안 통화를 하곤 합니다. 처음에는 이 팀원이 힘들어하는 것을 이해하고, '천천히 해 보자' 하며 달래 왔습니다. 그러나 2개월이 지나도 상황이 나아지지 않고, 제가 팀원의 상황을 수용하고 이해해 보고자 노력하는 것을 이 팀원은

> 너무나 당연하게 여기고 있는 것 같습니다. 매달 2~3번씩 이렇게 하다 보니 저도 지치고, 이 문제를 어떻게 해결해야 할지 고민이 큽니다. 근태 문제와 성과, 팀 운영 모두에 큰 부담을 느끼고 있습니다."

31st 고민과외

팀장님, 팀원의 문제를 고스란히 팀장님께서 안고 있다는 느낌이 듭니다. 팀원의 그릇된 태도와 습관들에 대한 책임은 팀원의 것입니다. 팀장님의 것이 아닙니다. 현재 상황에서 중요한 것은 팀장님께서 이 문제를 전적으로 짊어지려고 하지 말고, 책임을 적절히 나누는 것입니다. 특히 이 문제가 어제오늘 일이 아니잖아요. 이 일로 인한 장기적인 스트레스, 에너지 소진은 팀장님의 마음건강과 팀 전체의 성과에 부정적인 영향으로 작용될 수 있습니다. 팀장님이 직접 감당하기보다는, 더 넓은 차원의 지원과 협력을 요청하는 것이 필요합니다. 다음은 이러한 상황에서 팀장님께서 취할 수 있는 몇 가지 접근 방법입니다.

먼저, 팀장님 자신의 감정과 인식에 집중해 보도록 합니다. 팀장님 개인적 측면에서 감정과 마인드를 관리해 나가야 합니다. 팀원들이 어려움을 겪는 것은 이해할 수 있지만, 그로 인해 팀장님께서 계속해서 소진되고 있다면, 이는 장기적으로 팀 전체에 좋지 않은 영향을 미칠 수 있습니다. 지금 이슈는 다분히 팀원의 소양문제가 주요하다고 여겨집니다.

'이 팀원은 도대체 왜 이러는 걸까' 하며 문제를 끌어안지 마세요. 팀장님께서 스스로 감당할 수 있는 범위를 명확히 정하고, 그 선을 지키고자 하시는 것이 필요합니다. 문제를 혼자 해결하려고 하기보다, 상위 관리자와의 협력을 도모해 가며 문제를 해결해 나아가야 합니다.

상위 관리자와의 협력을 위해서 먼저 대화를 통해 책임을 적절히 나누는 것이 중요합니다. 팀장님께서 상위 관리자님께 이 문제를 공유하셨을 때, '일단 지켜보자'는 소극적인 대답을 받는 경우도 있으실 것입니다. 여기서 중요한 것은, 팀장님의 표현입니다. 상위 관리자님과의 대화에서 단순히 '이 팀원이 저를 힘들게 해요'라고 언급하시기 보다는, 나름의 구체적인 방향과 아이디어를 제시하며 적극적으로 문제를 해결하고자 하는 의지를 보이시는 것이 중요합니다. 문제의 심각성을 알리고, 팀장님이 생각하는 해결 방안을 제시함으로써, 문제 해결의 책임을 공유하고, 팀장님 혼자 모든 것을 짊어지지 않도록 해야 합니다.

더불어, 팀원에게 지속적으로 감정적으로 소모되지 않도록 접근 방식을 조정해야 합니다. 현재 팀원과의 통화가 팀장님에게 감정적인 소진을 유발하고 있다면, 소통 방식을 바꿔야 합니다. 장시간 통화를 하며 팀원의 감정을 받아 주기보다는, 이 문제에 대한 명확한 범위를 설정하고, 팀원이 실질적인 해결책을 찾도록 돕는 방향으로 대화를 이끌어 가야 합니다. 또한, 팀원에게 감정적인 지원뿐만 아니라 구체적인 행동 계획을 요구함으로써, 팀원의 행동에 책임을 부여하고, 팀원 스스로 자신의 문제를 해결할 수 있는 방향으로 촉진해야 합니다.

9.4
팀원 개인별 장점을 적용하여
업무를 분배하는 전략적 접근

팀원 개개인의 장점을 파악하고 이를 업무에 반영하는 것은 팀의 성과 향상에 매우 중요한 요소입니다. 다양한 제품을 영업해서 판매해야 하는 조직이라면 팀장의 전략적인 접근은 더욱 필요합니다. 이번에는 팀원 개별 장점을 파악하여 업무를 분배함으로써 성과를 올려야 하는 팀장님의 고민을 다루어 보겠습니다.

팀장 고민. 서른두 번째

"저희 회사는 중장비 판매 및 대여를 하는 B2B기업으로, 저희 팀은 주로 지방의 중소 딜러 대상 판매를 담당하고 있습니다. 여느 B2B기업들이 다 그렇듯이 긴 시간 동안 거래를 유지해 온 인적 네트워크 기반으로 안정된 영업활동을 하고 있었습니다. 그런데 최근 들어 집중 판매해야 하는 신규 생산 장비가 전략적으로 정해지다 보니까 팀원들의 고민이 많아졌습니다. 신제품을 필요로 하는 고객도 있겠지만 그렇지 않은 고객도 있고, 신제품에 대한

> 지식의 습득이나 영업에 활용하는 역량들이 팀원들 모두 제각각이기 때문입니다. 팀원들이 보유한 역량의 특성과 고객의 니즈, 신규 시장 개척 필요성 등에 따라 어떻게 팀원들을 리딩해야 할지 고민이 많습니다."

32nd 고민과외

팀장님, 여러 가지 고려사항들을 놓고 고심 중이시네요. 고민하고 계시듯이 팀원의 장점을 업무에 맞게 배분하는 것은 팀의 성과를 높이는 데 매우 중요합니다. 팀원마다 가지고 있는 고유의 능력과 장점을 최대로 활용하면, 팀원 개개인의 업무 만족도를 높이고, 팀 전체의 성과를 극대화할 수 있습니다. 이번에는 팀원 개별 장점을 업무에 접목하는 방법과 그로 인한 전략적 접근에 관해 제안드립니다.

전략적 접근의 첫 번째 단계는 팀원 개별 장점을 깊이 이해하고, 그 장점을 기반으로 업무를 배분하는 것입니다. 중장비 판매 위주의 B2B 기업에서 신제품이 출시된 상황이라면, A 팀원은 기존 딜러 네트워크 유지에 강점이 있고, B 팀원은 신제품 지식 습득 역량이 뛰어나 새로운 고객에게 영업활동을 하기에 적합하다와 같은 팀원들의 역량을 상세한 수준에서 파악해야 합니다. 팀원의 역량을 정확히 파악하지 못하고 업무를 잘못 배분하여 A 팀원에게 신규 고객 영업을 맡기고 B 팀원에게 기존 딜러 네트워크 관리를 맡긴다면 팀과 회사에 완전히 마이너스인 결과만 돌아오게 될 것입니다.

따라서 팀장님께서는 팀원 개개인의 장점을 잘 파악하고 그에 맞게 업무를 매칭함으로써 팀의 성과를 극대화할 수 있습니다. 그러나 모든 팀원이 모든 업무를 다 잘해 내기를 기대하는 것은 현실적이지 않습니다. 팀원들에게 각기 다른 업무를 부여하고, 그 업무의 목표와 강조점을 명확히 해 줌으로써 팀원들은 더욱 분명한 방향성과 목표를 가지게 됩니다. 그 결과, 업무에 대한 집중력이 높아지고, 팀장이 팀원의 장점을 역량중심으로 표현하면서 이끌어 주면, 팀원들은 더 많은 실행과 성과를 드러내게 될 것입니다.

특히 다양한 제품을 판매하는 영업팀의 경우, 영업사원이 담당해야 하는 제품이 많기 때문에 각 팀원의 강점을 잘 활용하여 각자 특정 제품의 판매에 더 집중하도록 하는 것도 중요합니다. 또한, 팀장님께서는 팀원의 근태도 신경 써야 하며, 팀원이 업무 수행 시 어려움을 겪고 있는 부분이 있다면 그것을 보완할 수 있는 다른 업무로 재배치하여 팀원 개개인이 자신의 강점을 최대로 발휘할 수 있는 환경을 조성해야 합니다.

'회사 일'이라고 하지 않고, '회사 생활'이라 흔히 말합니다.
일보다 생활을 잘하는 리더가 매력적입니다.
팀원들은 그냥 알게 되는 거죠.
이 회사를 계속 다니게 될지, 아닐지.

팀장님의 행복은 영향력이 큽니다!
어느 정도를 예상하던, 그 이상일 겁니다.

이 책에는 서른두 가지 고민들이 등장합니다. 실제로 제가 서른두 분의 팀장님과 머리를 맞대고 진행했던 이슈 중심의 과외 수업 내용을 담았습니다. 서른두 가지 고민들 앞에서 저는 제가 보유하고 있는 모든 전문성을 총동원하며 과외를 진행했습니다. 수업 방식은 고민 주제별 팀장님들의 동의를 얻어 가며 접근 방식을 선택했습니다. 고민을 명확히 드러내기 위해 전문 코칭 역량을 적용했고, 솔루션을 도출하기 위해서는 멘토링, 티칭, 카운슬링 등을 적용했습니다. 평균 두 시간가량의 과외 수업이었지만 주제에 따라서 장시간 진행한 경우도 있었습니다. 고민의 전후 맥락을 모조리 책에 담긴 어려웠고, 주제에 따라서는 코치인 제 주관적 견해가 적극적으로 반영된 부분도 있으니 참고 바랍니다. 대부분 동의가 되시겠지만 이해가 되지 않는 내용이 있다면 제게 개별 연락을 주셔도 좋습니다.

에필로그
팀장님의 고민에 전념하는 '누군가'

    누군가는 팀장님의 고민에 머리를 맞대고, 누군가는 팀장님의 고독을 나눠야 한다고 생각합니다. 한 명의 리더가 제 역할을 감당하기 위해 누군가는 그를 위해 헌신하고 전념해 주어야 합니다. 그렇게 해야 겨우 리더 한 명이 올곧게 설 수 있다고 저는 믿습니다.

    요즘 팀장님들에게는 그 '누군가'가 곁에 없어 보입니다. 급변하는 조직 환경 가운데 팀원 시절 실적이 좋다는 이유로 팀장이 되어, 제대로 준비되지 못한 채 리더로서 대면하게 되는 일들의 무게감은 상상을 초월합니다. 팀장 되었다고, 임원 되었다고, 사장 되었다고 마냥 축하받고 성공신화를 쓴 주인공으로 묘사되던 시절은 지나갔습니다. 모두 급하게 승진하고, 급하게 익혀 나갑니다. 감당해야 하는 예측 불가한 일들을 예상하며 리더로서 도전을 감행합니다. 자연스럽게 많은 고민과 고독이 뒤따를 수밖에 없습니다.

    어느 누가 준비된 상태로 리더가 될까요. 아무도 없습니다. 우린 모두 준비 없이 리더가 되었습니다. 이걸 인정하는 순간부터 자신의 능력 부족을 탓하는 팀장님들을 자주 봅니다. 자신의 부족함을 감추느라 급급한 나머지 팀원들을 가식적으로 대하거나 여유 없는 모습들이 드러나는 경우도 빈번합니다. 부족함을 채우기 위해 각종 교육에 참여하기도 합니다. 그러나 승진자 OJT나 외부리더십 교육에 참석하며 얻는 지식들이 여러분의 업무 현장 속, 그 말 못할 고민을 해결하는 것에 직접적으로 도움이 되던가요? 팀장이라면 누구나 소속 상위 임원, 동료 팀장, 팀원들에게조차 꺼내지 못하는 고민이 있습니다. 함께 머리를 맞대고 고민해 줄 누군가가 필요하지 않으세요?

이 책이 여러분의 그 '누군가'의 역할이 되길 바랍니다. 그런 마음으로 집필했습니다. 고민과 고독의 순간마다 팀장님 곁에 두고 필요할 때마다 펼쳐 볼 수 있는 핸드북처럼 사용되기를 바랍니다. 이 책에 담긴 사례와 조언들은 완벽한 해결책이라기보다는, 팀장님들이 각자의 상황에 맞추어 선택하고 적용해 볼 수 있는 일종의 방향성을 담은 것들입니다. 마치 풀리지 않는 문제를 다시 풀어 보며 핵심 개념을 다시 명확히 하고, 유사한 유형의 다른 문제를 풀 수 있도록 돕는 오답노트처럼 말이지요.

이 책을 활용하여 팀장님만의 맞춤형 해결책을 찾아 가시길 바랍니다. 자주 책을 열고 자신의 문제를 대입해 보며 성찰하시길 권합니다. 이 책을 곁에 두시고 새로운 관점으로 무장하여 다시 문제에 접근할 수 있는 힘을 얻으셨으면 좋겠습니다.

팀장님! 혼자 고민하지 마세요. 팀원들과의 소통 속에서, 성과를 향한 여정 속에서 때때로 막히고 힘들 때, 이 책을 펼쳐 보세요. 이 책이 팀장님에게 실질적인 도움을 주고, 새로운 방향을 제시해 주는 길잡이가 되기를, 그리고 팀장님이 걸어가시는 길이 조금이라도 더 따뜻하고 의미 있게 느껴지기를 진심으로 바랍니다.